Einstern
Mathematik für Grundschulkinder

1

Themenheft 4

Zahlen und Operationen
Rechnen bis 20
Zehnerzahlen bis 100

Erarbeitet von
Roland Bauer
Jutta Maurach

In Zusammenarbeit
mit der
Cornelsen Redaktion
Grundschule

Inhaltsverzeichnis

Zehnerzahlen bis 100

★ Pflichtseiten

✵ Wahlseiten

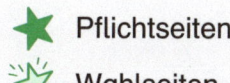 Handlungshinweis

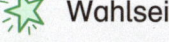 besprechen mit einem Partner

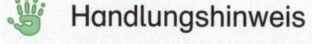 besprechen in der Gruppe
Weitere Hinweise für die Lehrkraft befinden sich
auf der hinteren (inneren) Umschlagseite.

Aufgaben mit unterschiedlichen Anforderungsniveaus:

① ausrechnen, ausführen, wiedergeben

① erkennen, fortsetzen, anwenden

① Lösungswege selbst entwickeln, darstellen, begründen und übertragen

☐ Feld zum Markieren erledigter Aufgaben

… und ich helfe dir:

markieren   einsetzen   denken   erkennen

1 Rechne mit Nachbarn der zweiten Zahl.

Nachbar-
aufgaben

5 + 4 = 9
5 + 5 = 10
5 + 6 = 11

5 + 4 = ☐
5 + 5 = ____
5 + ☐ = ☐

6 + ☐ = ☐
6 + 6 = ____
6 + ☐ = ☐

7 + ☐ = ☐
7 + 7 = ____
7 + ☐ = ☐

8 + ☐ = ☐
8 + 8 = ____
8 + ☐ = ☐

9 + ☐ = ☐
9 + 9 = ____
9 + ☐ = ☐

2 Rechne mit Nachbarn der ersten Zahl.

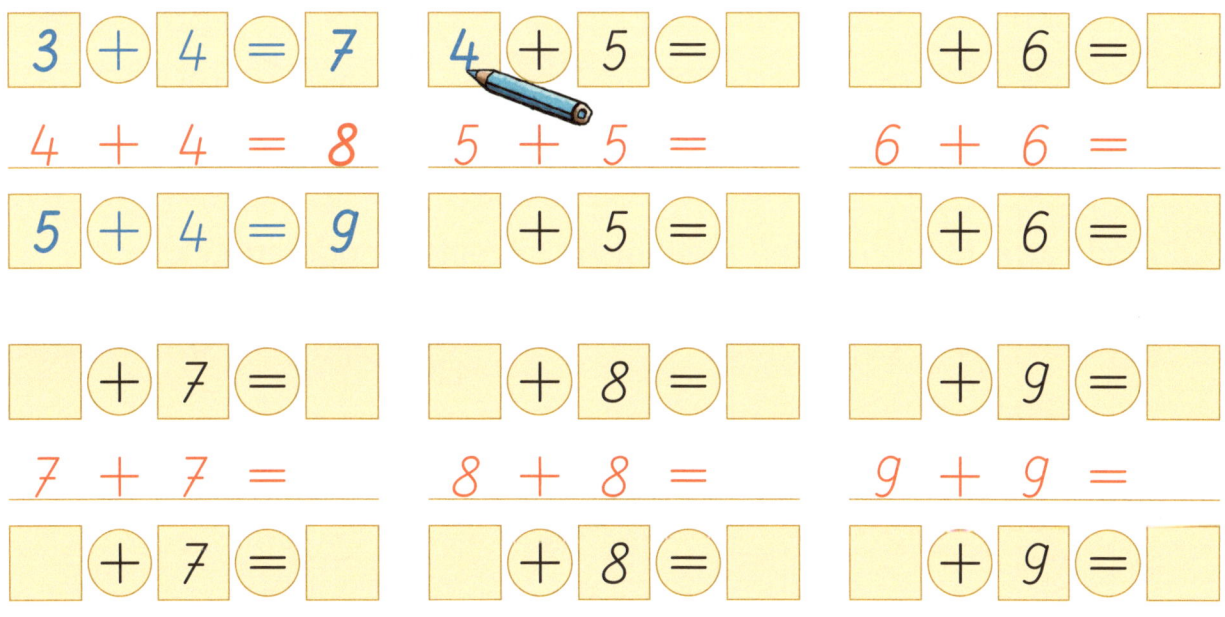

3 + 4 = 7
4 + 4 = 8
5 + 4 = 9

4 + 5 = ☐
5 + 5 = ____
☐ + 5 = ☐

☐ + 6 = ☐
6 + 6 = ____
☐ + 6 = ☐

☐ + 7 = ☐
7 + 7 = ____
☐ + 7 = ☐

☐ + 8 = ☐
8 + 8 = ____
☐ + 8 = ☐

☐ + 9 = ☐
9 + 9 = ____
☐ + 9 = ☐

★ übertragen bisherige Kenntnisse und Vorgehensweisen auf den erweiterten Zahlenraum
★ erkennen, nutzen und beschreiben Zahlbeziehungen (Nachbarzahlen) für vorteilhaftes Rechnen
★ verwenden mathematische Fachbegriffe richtig

5

1 Schreibe auf, wie du rechnen kannst.

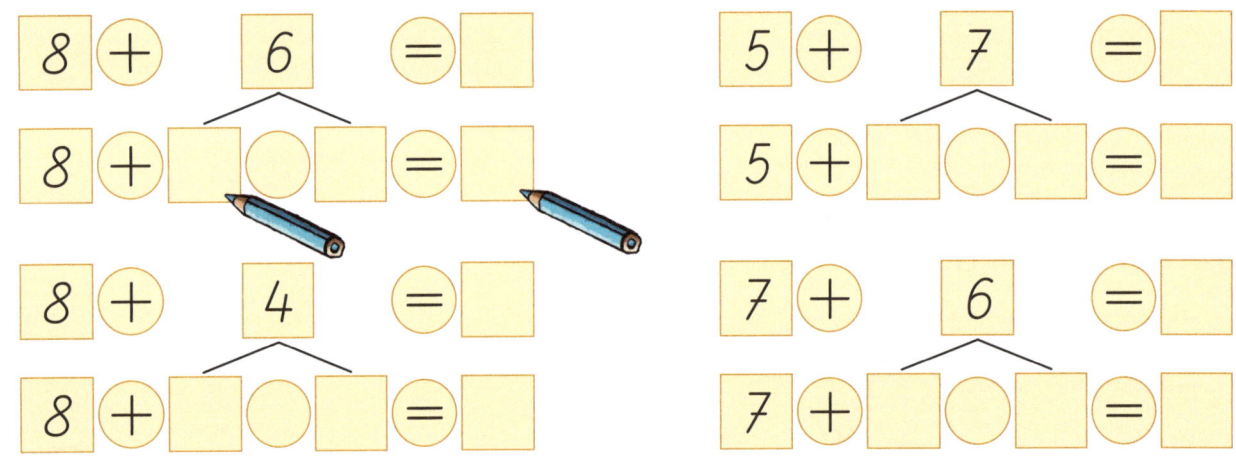

2 Finde zwei Möglichkeiten. Vergleiche mit einem anderen Kind.

* vollziehen Beziehungen und Gesetzmäßigkeiten an Beispielen anderer nach
* probieren zunehmend systematisch und nutzen Einsichten in Zusammenhänge

1 Rechne bis 10 und dann weiter.

Zuerst bis 10 und dann weiter

$8 + 7 = 15$

$8 + 2 + 5 = 15$

$7 + 5 =$

$7 + \boxed{} + \boxed{} =$

$6 + 8 =$

$6 + \boxed{} + \boxed{} =$

$9 + 7 =$

$9 + \boxed{} + \boxed{} =$

$8 + 5 =$

$8 + \boxed{} + \boxed{} =$

$9 + 4 =$

$9 + \boxed{} + \boxed{} =$

$8 + 3 =$

$8 + \boxed{} + \boxed{} =$

$5 + 6 =$

$5 + \boxed{} + \boxed{} =$

$6 + 7 =$

$6 + \boxed{} + \boxed{} =$

★ übertragen eine Darstellung in eine andere
★ nutzen die Rechenstrategie Rechnen in Schritten im Zahlenraum bis 20

7

1 Rechne bis 10 und dann weiter.

$9 + 6 = 15$

$9 + 1 + 5 = 15$

Und wieder bis 10 und dann weiter

$7 + 8 =$

$7 + \square + \square =$

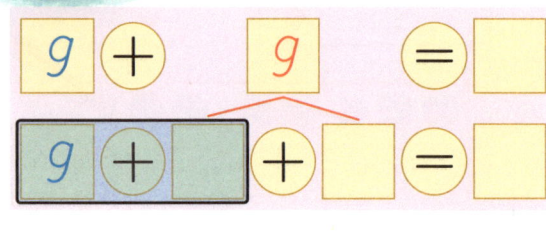

$9 + 9 =$

$9 + \square + \square =$

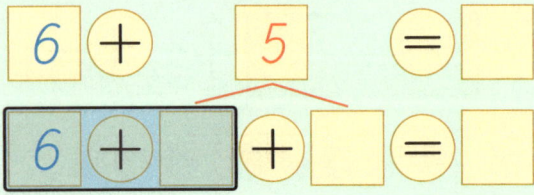

$6 + 5 =$

$6 + \square + \square =$

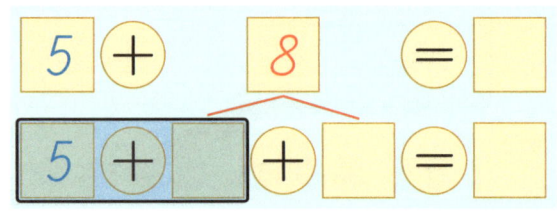

$5 + 8 =$

$5 + \square + \square =$

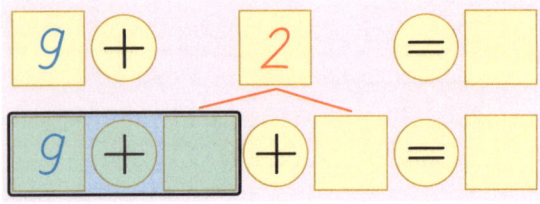

$9 + 2 =$

$9 + \square + \square =$

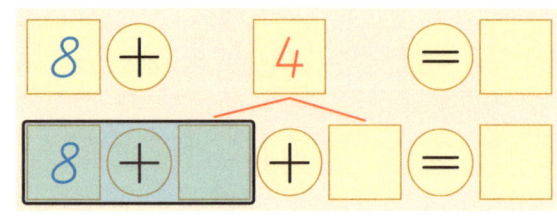

$8 + 4 =$

$8 + \square + \square =$

$7 + 9 =$

$7 + \square + \square =$

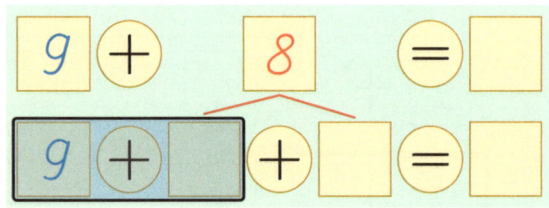

$9 + 8 =$

$9 + \square + \square =$

2 Finde selbst Aufgaben und löse sie.

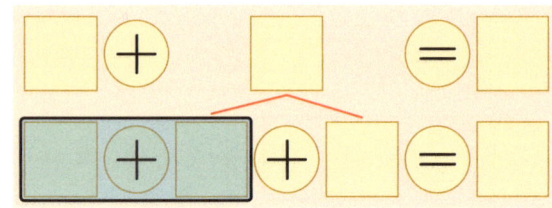

★ nutzen die Rechenstrategie Rechnen in Schritten im Zahlenraum bis 20

1 Rechne zuerst die Plus-10-Aufgabe.

2 + 10 = 12	3 + 10 = 13	
2 + 9 = 11	3 + 9 = ☐	

5 + 10 = ☐	6 + 10 = ☐	7 + 10 = ☐
5 + 9 = ☐	6 + 9 = ☐	7 + 9 = ☐

8 + 10 = ☐	9 + 10 = ☐	☐ + ☐ = ☐
8 + 9 = ☐	9 + 9 = ☐	☐ + ☐ = ☐

2 Rechne zuerst die 10-plus-Aufgabe.

10 + 2 = 12	10 + 3 = 13	10 + 9 = ☐
9 + 2 = 11	9 + 3 = ☐	9 + 9 = ☐

10 + 4 = ☐	10 + 5 = ☐	10 + 6 = ☐
9 + 4 = ☐	9 + 5 = ☐	9 + 6 = ☐

10 + 7 = ☐	10 + 8 = ☐	☐ + ☐ = ☐
9 + 7 = ☐	9 + 8 = ☐	☐ + ☐ = ☐

3 Erkläre einem anderen Kind, wie du Plus-9-Aufgaben leichter rechnen kannst.

★ übertragen Kenntnisse und Fertigkeiten auf erweiterte Sachverhalte
★ nutzen Zahlbeziehungen und Nachbaraufgaben zum vorteilhaften Rechnen
★ beschreiben Rechenwege für andere nachvollziehbar

9

Plusaufgaben auf verschiedenen Wegen lösen

1 Rechne wie die Kinder.

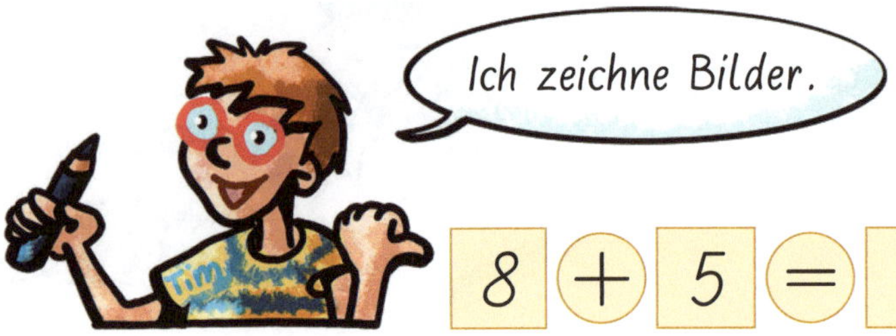
Ich zeichne Bilder.
Tim

8 + 5 = ☐

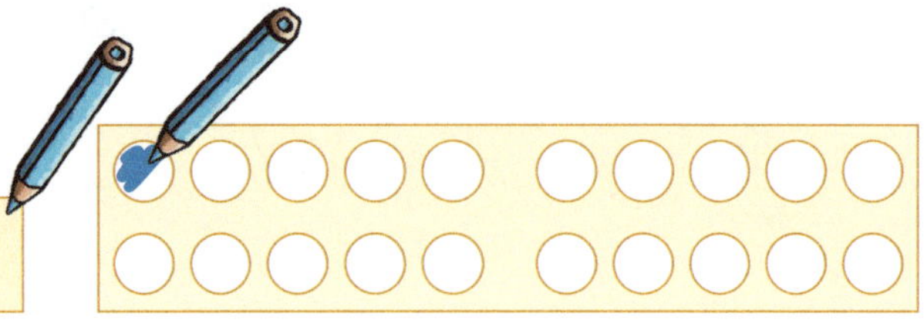

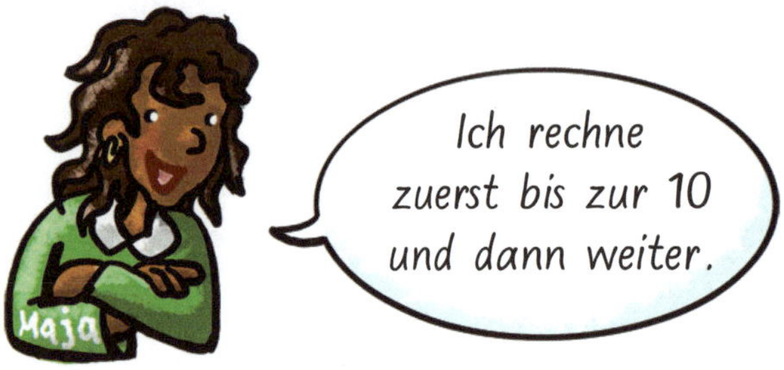
Ich rechne zuerst bis zur 10 und dann weiter.
Maja

8 + 6 = ☐

☐ + ☐ + ☐ = ☐

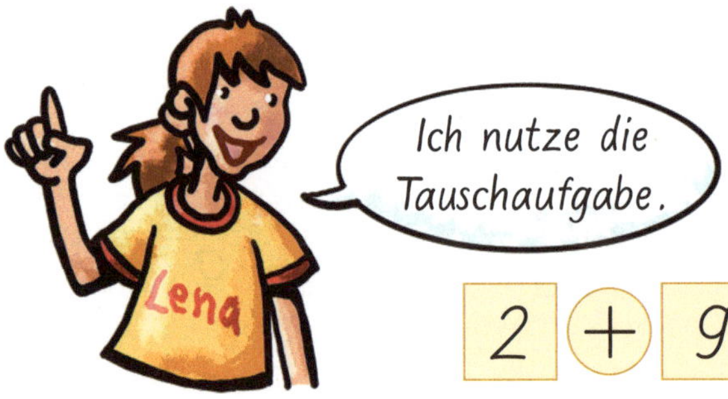
Ich nutze die Tauschaufgabe.
Lena

2 + 9 = ☐ → ☐ + ☐ = ☐

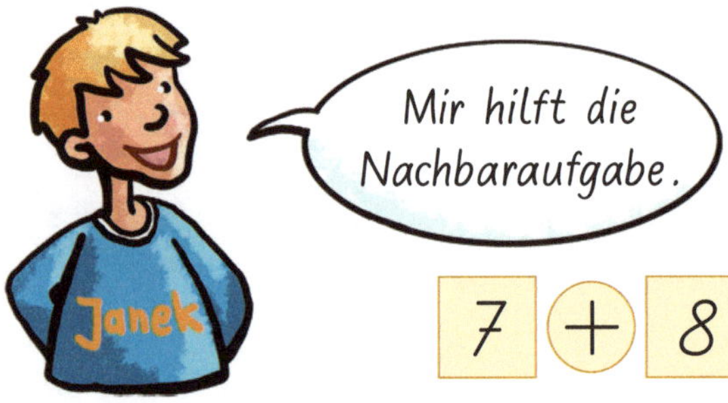
Mir hilft die Nachbaraufgabe.
Janek

7 + 8 = ☐ → ☐ + ☐ = ☐

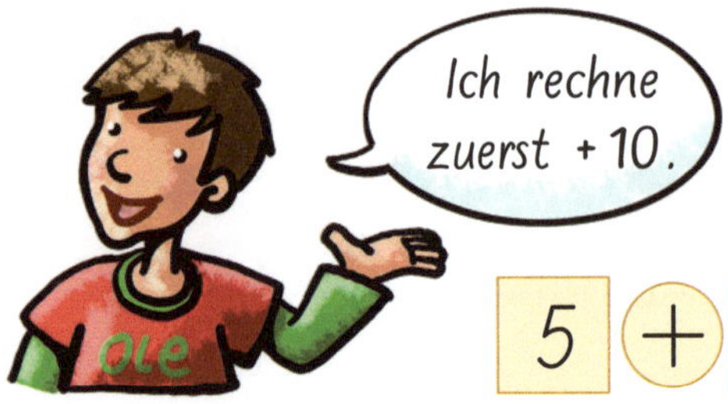
Ich rechne zuerst + 10.
Ole

5 + 9 = ☐ → ☐ + ☐ = ☐

* übertragen vorgegebene Strategien auf die eigene Ausführung und wenden dabei mathematische Fachbegriffe richtig an
* vergleichen und bewerten Rechenwege

1 Rechne geschickt.
Kreuze an, wie du rechnest, und schreibe deine Rechnung auf.
Vergleiche mit einem anderen Kind.

$3 + 8 =$ 　　　　　$8 + 3 =$

(X) mit der Tauschaufgabe 　 ◯ zuerst $+10$
◯ bis 10 und dann weiter 　 ◯ mit der Nachbaraufgabe

$7 + 6 =$ 　　⟶

◯ mit der Tauschaufgabe 　 ◯ zuerst $+10$
◯ bis 10 und dann weiter 　 ◯ mit der Nachbaraufgabe

$6 + 9 =$ 　　⟶

◯ mit der Tauschaufgabe 　 ◯ zuerst $+10$
◯ bis 10 und dann weiter 　 ◯ mit der Nachbaraufgabe

$6 + 5 =$ 　　⟶

◯ mit der Tauschaufgabe 　 ◯ zuerst $+10$
◯ bis 10 und dann weiter 　 ◯ mit der Nachbaraufgabe

$9 + 8 =$ 　　⟶

◯ mit der Tauschaufgabe 　 ◯ zuerst $+10$
◯ bis 10 und dann weiter 　 ◯ mit der Nachbaraufgabe

$2 + 9 =$ 　　⟶

◯ mit der Tauschaufgabe 　 ◯ zuerst $+10$
◯ bis 10 und dann weiter 　 ◯ mit der Nachbaraufgabe

1 Löse die Aufgaben. Notiere deinen Rechenweg.

$8 + 6 = \square$

$8 + \square \bigcirc \square = \square$

$8 + 4 = \square$

$\square + \square \bigcirc \square = \square$

$9 + 5 = \square$

$\square + \square \bigcirc \square = \square$

$3 + 8 = \square$

$\square + \square \bigcirc \square = \square$

$5 + 8 = \square$

$\square + \square \bigcirc \square = \square$

$5 + 6 = \square$

$\square + \square \bigcirc \square = \square$

$9 + 7 = \square$

$\square + \square \bigcirc \square = \square$

$3 + 9 = \square$

$\square + \square \bigcirc \square = \square$

$7 + 6 = \square$

$\square + \square \bigcirc \square = \square$

$5 + 7 = \square$

$\square + \square \bigcirc \square = \square$

$9 + 6 = \square$

$\square + \square \bigcirc \square = \square$

$7 + 8 = \square$

$\square + \square \bigcirc \square = \square$

$9 + 8 = \square$

$\square + \square \bigcirc \square = \square$

$8 + 9 = \square$

$\square + \square \bigcirc \square = \square$

★ wenden ihre vorhandenen mathematischen Kenntnisse, Fähigkeiten und Fertigkeiten bei der Bearbeitung unbekannter Aufgaben an
★ wählen bei der Bearbeitung von Aufgaben geeignete Rechenstrategien zum vorteilhaften Rechnen

Plusaufgaben rechnen

Ich nutze immer den besten Rechenweg!

1 Löse die Aufgaben.

$5 + 6 = 11$ $4 + 9 = \square$ $8 + 3 = \square$

$6 + 6 = \square$ $11 + 6 = \square$ $5 + 8 = \square$

$8 + 5 = \square$ $16 + 3 = \square$ $17 + 3 = \square$

$9 + 3 = \square$ $9 + 4 = \square$ $9 + 2 = \square$

2 Übertrage die Aufgaben ins Heft und löse sie.

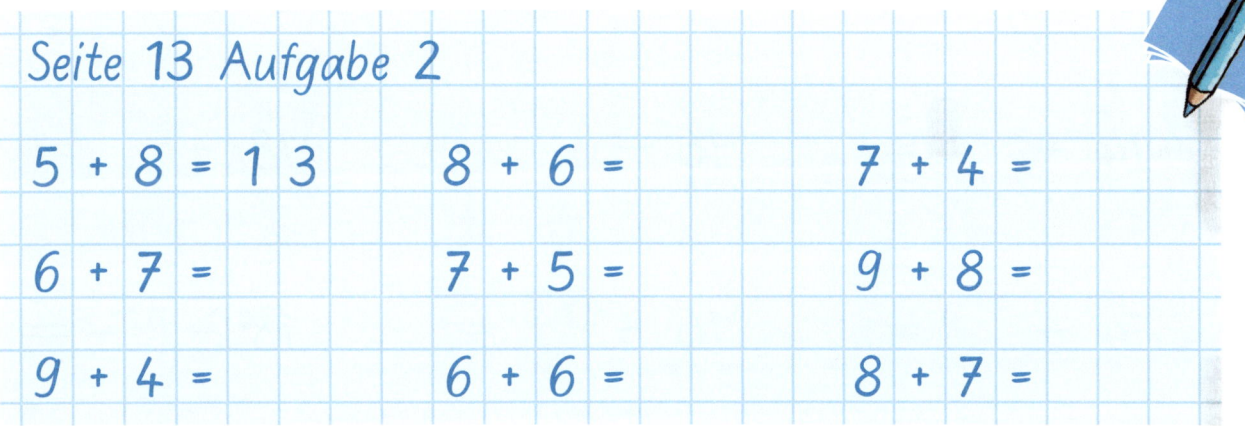

Seite 13 Aufgabe 2

$5 + 8 = 13$ $8 + 6 =$ $7 + 4 =$

$6 + 7 =$ $7 + 5 =$ $9 + 8 =$

$9 + 4 =$ $6 + 6 =$ $8 + 7 =$

3 Finde möglichst viele Plusaufgaben mit dem Ergebnis 13.
Besprich deine Vorgehensweise mit einem anderen Kind.

$\square + \square = 13$ $\square + \square = 13$ $\square + \square = 13$

$\square + \square = 13$ $\square + \square = 13$ $\square + \square = 13$

$\square + \square = 13$ $\square + \square = 13$ $\square + \square = 13$

$\square + \square = 13$ $\square + \square = 13$ $\square + \square = 13$

$\square + \square = 13$ $\square + \square = 13$ $\square + \square = 13$

★ wenden ihre vorhandenen mathematischen Kenntnisse, Fähigkeiten und Fertigkeiten
bei der Bearbeitung herausfordernder oder unbekannter Aufgaben an
★ nutzen Rechenstrategien und vergleichen und bewerten Rechenwege und begründen ihre Vorgehensweise

13

1 Rechne mit Nachbarn der zweiten Zahl.

$10 - 4 = 6$

$10 - 5 = 5$

$10 - 6 = 4$

$10 - 4 = 6$
$10 - 5 = 5$
$10 - 6 = 4$

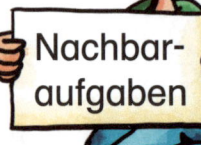

Nachbar-aufgaben

$12 - \square = \square$

$12 - 6 = $ _____

$12 - \square = \square$

$14 - \square = \square$ $16 - \square = \square$ $18 - \square = \square$

$14 - 7 = $ _____ $16 - 8 = $ _____ $18 - 9 = $ _____

$14 - \square = \square$ $16 - \square = \square$ $18 - \square = \square$

2 Rechne mit Nachbarn der ersten Zahl.

$7 - 4 = 3$ $9 - 5 = 4$ $\square - 6 = \square$

$8 - 4 = 4$ $10 - 5 = 5$ $12 - 6 = $ _____

$9 - 4 = 5$ $\square - 5 = \square$ $\square - 6 = \square$

$\square - 7 = \square$ $\square - 8 = \square$ $\square - 9 = \square$

$14 - 7 = $ _____ $16 - 8 = $ _____ $18 - 9 = $ _____

$\square - 7 = \square$ $\square - 8 = \square$ $\square - 9 = \square$

★ wenden ihre vorhandenen mathematischen Kenntnisse, Fähigkeiten und Fertigkeiten bei der Bearbeitung unbekannter Aufgaben an
★ nutzen die Rechenstrategien Halbieren und Nachbaraufgaben und bearbeiten Aufgaben gemeinsam

Minusaufgaben in Rechenschritte zerlegen

1 Schreibe auf, wie du rechnen kannst.

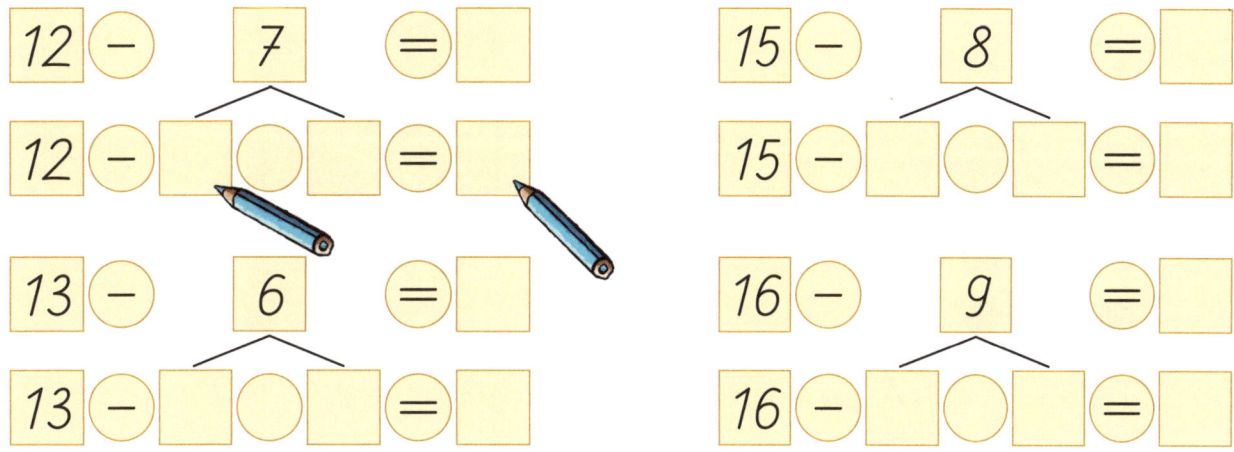

2 Finde zwei Möglichkeiten.

★ vollziehen Beziehungen und Gesetzmäßigkeiten an Beispielen anderer nach
★ probieren zunehmend systematisch und nutzen Einsichten in Zusammenhänge

15

1 Rechne bis 10 und dann weiter.

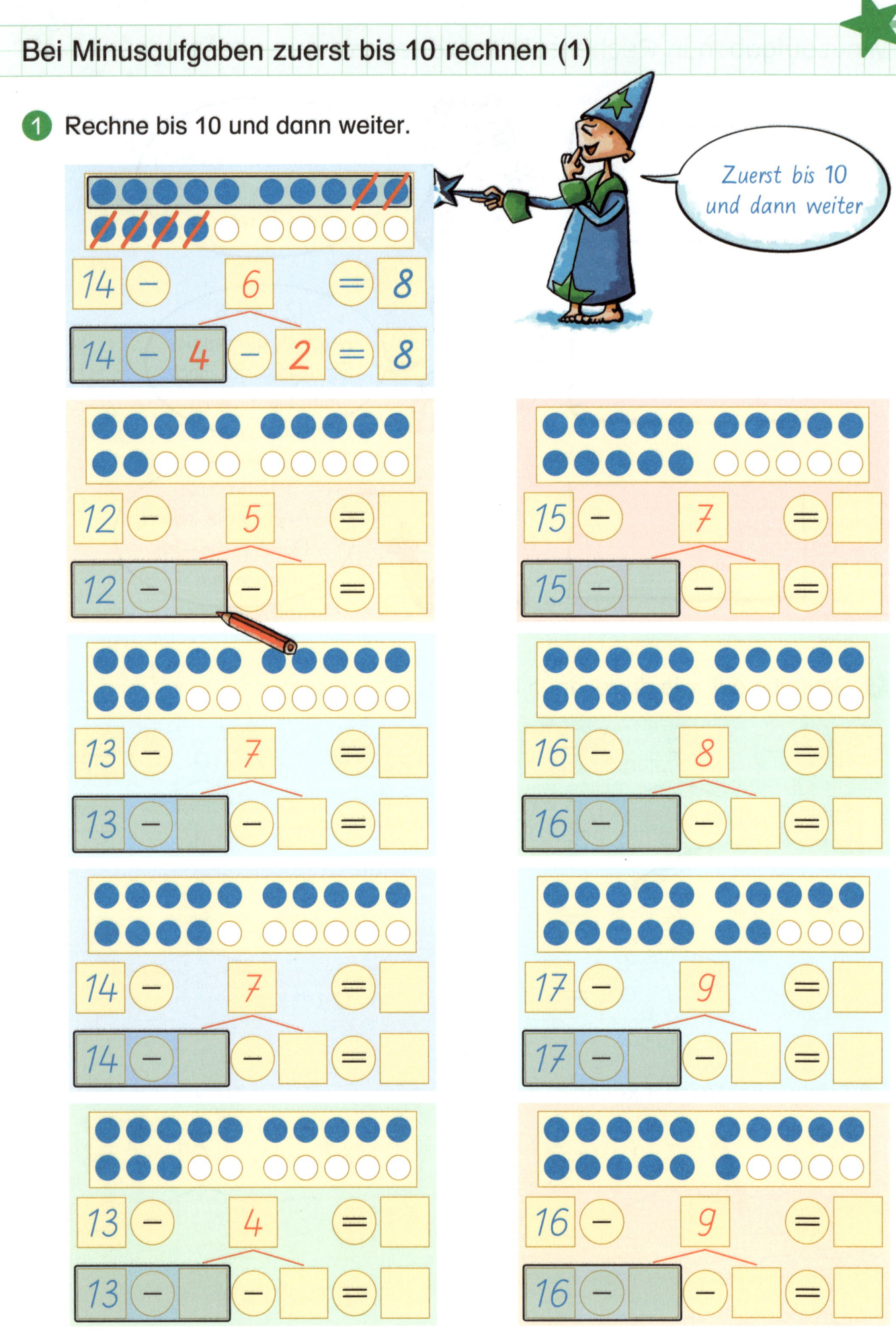

Zuerst bis 10 und dann weiter

14 − 6 = 8

14 − 4 − 2 = 8

12 − 5 =

12 − − =

15 − 7 =

15 − − =

13 − 7 =

13 − − =

16 − 8 =

16 − − =

14 − 7 =

14 − − =

17 − 9 =

17 − − =

13 − 4 =

13 − − =

16 − 9 =

16 − − =

★ übertragen eine Darstellung in eine andere
★ nutzen die Rechenstrategie Rechnen in Schritten im Zahlenraum bis 20

1 Rechne bis 10 und dann weiter.

13 − 7 = 6
13 − 3 − 4 = 6

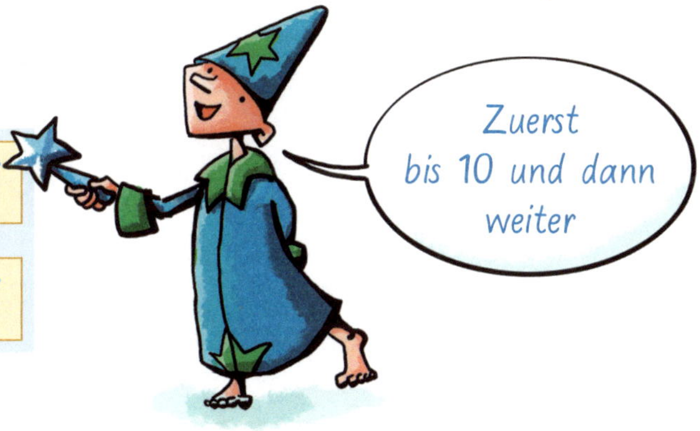

Zuerst bis 10 und dann weiter

14 − 9 = □
14 − □ − □ = □

12 − 8 = □
12 − □ − □ = □

13 − 8 = □
13 − □ − □ = □

17 − 8 = □
17 − □ − □ = □

11 − 7 = □
11 − □ − □ = □

16 − 7 = □
16 − □ − □ = □

14 − 8 = □
14 − □ − □ = □

12 − 3 = □
12 − □ − □ = □

2 Finde selbst Aufgaben und löse sie.

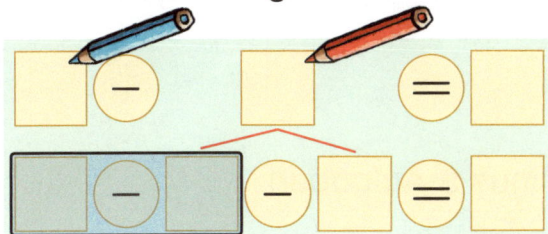

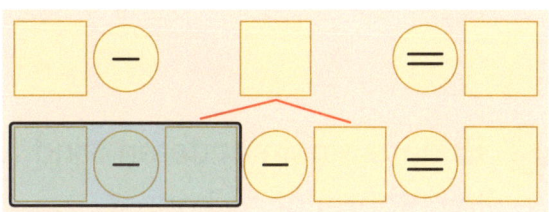

★ wenden ihre vorhandenen mathematischen Kenntnisse, Fähigkeiten und Fertigkeiten
bei der Bearbeitung unbekannter Aufgaben an
★ nutzen die Rechenstrategie Rechnen in Schritten im Zahlenraum bis 20

17

Minus-9-Aufgaben als Nachbaraufgaben rechnen

1 Rechne zuerst die Minus-10-Aufgabe.

12 − 10 = 2				17 − 10 = 7			
12 − 9 = 3				17 − 9 = ☐			

15 − 10 = ☐   13 − 10 = ☐
15 − 9 = ☐   13 − 9 = ☐

18 − 10 = ☐   11 − 10 = ☐   19 − 10 = ☐
18 − 9 = ☐   11 − 9 = ☐   19 − 9 = ☐

2 Finde und löse zuerst die einfache Nachbaraufgabe.

13 − 10 = 3   ☐ − ☐ = ☐   ☐ − ☐ = ☐
13 − 9 = 4   15 − 9 = ☐   18 − 9 = ☐

☐ − ☐ = ☐   ☐ − ☐ = ☐   ☐ − ☐ = ☐
11 − 9 = ☐   16 − 9 = ☐   14 − 9 = ☐

☐ − ☐ = ☐   ☐ − ☐ = ☐   ☐ − ☐ = ☐
☐ − ☐ = ☐   ☐ − ☐ = ☐   ☐ − ☐ = ☐

3 Erkläre einem anderen Kind, wie du Minus-9-Aufgaben leichter rechnen kannst.

★ übertragen Kenntnisse und Fertigkeiten auf erweiterte Sachverhalte
★ nutzen Zahlbeziehungen und Nachbaraufgaben zum vorteilhaften Rechnen
★ beschreiben Rechenwege für andere nachvollziehbar

1 Rechne wie die Kinder.

Ich zeichne Bilder.

12 − 4 =

Ich rechne zuerst bis zur 10 und dann weiter.

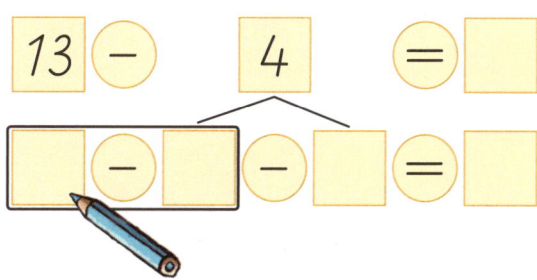

13 − 4 =

− − =

Mir hilft die Nachbaraufgabe.

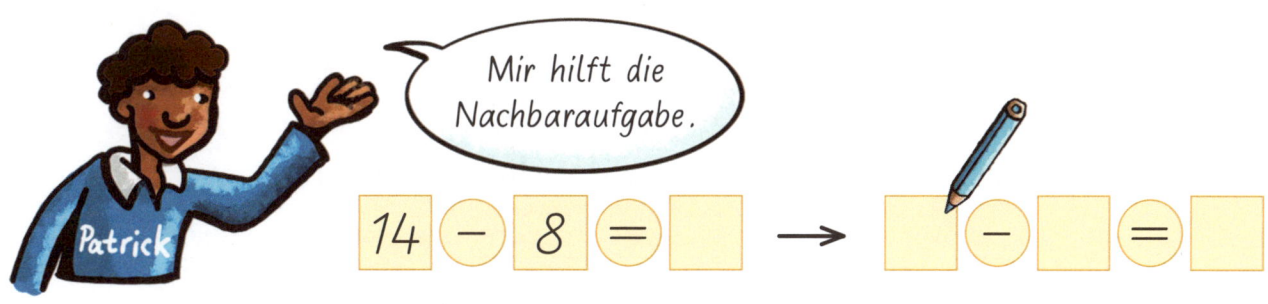

14 − 8 = → − =

Ich rechne zuerst − 10.

15 − 9 = → − =

  1 Rechne geschickt.

Kreuze an, wie du rechnest, und schreibe deine Rechnung auf.

Vergleiche mit einem anderen Kind.

 $14 - 8 =$ ⬜ ⟶ $14 - 7 =$

○ bis 10 und dann weiter ○ zuerst -10

✗ mit der Nachbaraufgabe ○ mit der Umkehraufgabe

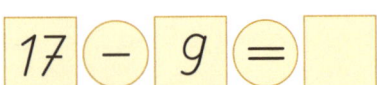 $17 - 9 =$ ⬜ ⟶ _____

○ bis 10 und dann weiter ○ zuerst -10

○ mit der Nachbaraufgabe ○ mit der Umkehraufgabe

 $11 - 4 =$ ⬜ ⟶ _____

○ bis 10 und dann weiter ○ zuerst -10

○ mit der Nachbaraufgabe ○ mit der Umkehraufgabe

 $13 - 6 =$ ⬜ ⟶ _____

○ bis 10 und dann weiter ○ zuerst -10

○ mit der Nachbaraufgabe ○ mit der Umkehraufgabe

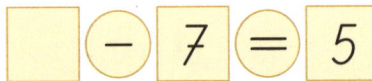 ⬜ $- 7 = 5$ ⟶ _____

○ bis 10 und dann weiter ○ zuerst -10

○ mit der Nachbaraufgabe ○ mit der Umkehraufgabe

 $15 - 9 =$ ⬜ ⟶ _____

○ bis 10 und dann weiter ○ zuerst -10

○ mit der Nachbaraufgabe ○ mit der Umkehraufgabe

＊wählen bei der Bearbeitung von Aufgaben geeignete Rechenstrategien zum vorteilhaften Rechnen

1 Rechne wie die Kinder.

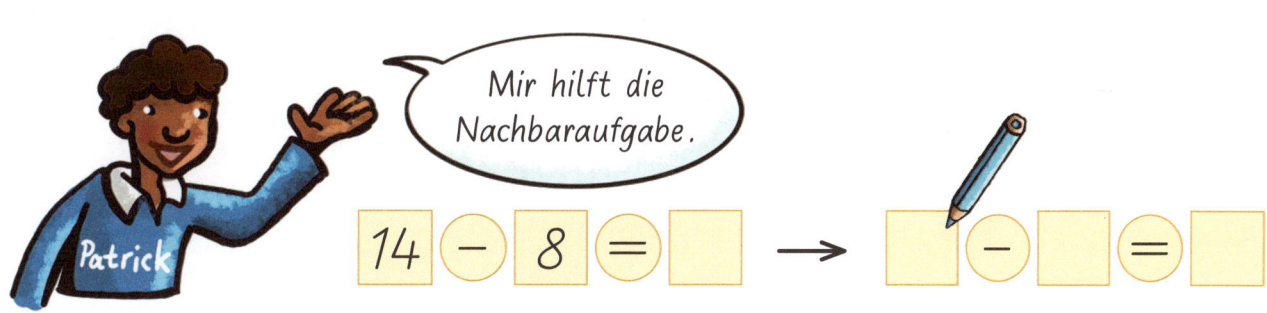

★ übertragen vorgegebene Strategien auf die eigene Ausführung und wenden dabei mathematische Fachbegriffe richtig an
★ vergleichen und bewerten Rechenwege

19

 1 Rechne geschickt.
Kreuze an, wie du rechnest, und schreibe deine Rechnung auf.
Vergleiche mit einem anderen Kind.

14 $-$ 8 $=$ ☐ $\longrightarrow$ **14 $-$ 7 $=$**

○ bis 10 und dann weiter ○ zuerst -10

✕ mit der Nachbaraufgabe ○ mit der Umkehraufgabe

17 $-$ 9 $=$ ☐ $\longrightarrow$ _____

○ bis 10 und dann weiter ○ zuerst -10
○ mit der Nachbaraufgabe ○ mit der Umkehraufgabe

11 $-$ 4 $=$ ☐ $\longrightarrow$ _____

○ bis 10 und dann weiter ○ zuerst -10
○ mit der Nachbaraufgabe ○ mit der Umkehraufgabe

13 $-$ 6 $=$ ☐ $\longrightarrow$ _____

○ bis 10 und dann weiter ○ zuerst -10
○ mit der Nachbaraufgabe ○ mit der Umkehraufgabe

☐ $-$ 7 $=$ 5 $\longrightarrow$ _____

○ bis 10 und dann weiter ○ zuerst -10
○ mit der Nachbaraufgabe ○ mit der Umkehraufgabe

15 $-$ 9 $=$ ☐ $\longrightarrow$ _____

○ bis 10 und dann weiter ○ zuerst -10
○ mit der Nachbaraufgabe ○ mit der Umkehraufgabe

✳ wählen bei der Bearbeitung von Aufgaben geeignete Rechenstrategien zum vorteilhaften Rechnen

1 Rechne wie die Kinder.

Ich zeichne Bilder.

$12 - 4 =$ ☐

Ich rechne zuerst bis zur 10 und dann weiter.

$13 - 4 =$ ☐

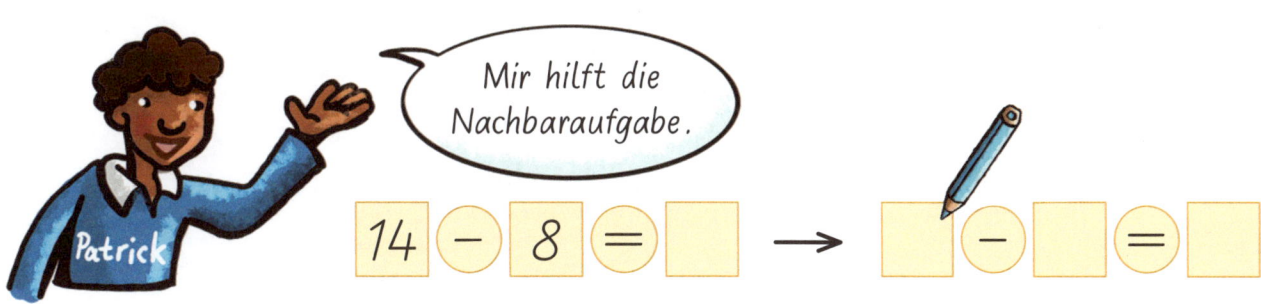

Mir hilft die Nachbaraufgabe.

$14 - 8 =$ ☐ → ☐ $-$ ☐ $=$ ☐

Ich rechne zuerst -10.

$15 - 9 =$ ☐ → ☐ $-$ ☐ $=$ ☐

★ übertragen vorgegebene Strategien auf die eigene Ausführung und wenden dabei mathematische Fachbegriffe richtig an
★ vergleichen und bewerten Rechenwege

19

1 Rechne geschickt.
Kreuze an, wie du rechnest, und schreibe deine Rechnung auf.
Vergleiche mit einem anderen Kind.

14 − 8 = ⬜ ⟶ 14 − 7 =

○ bis 10 und dann weiter   ○ zuerst −10
✗ mit der Nachbaraufgabe   ○ mit der Umkehraufgabe

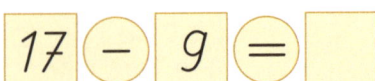

17 − 9 = ⬜ ⟶ _____

○ bis 10 und dann weiter   ○ zuerst −10
○ mit der Nachbaraufgabe   ○ mit der Umkehraufgabe

11 − 4 = ⬜ ⟶ _____

○ bis 10 und dann weiter   ○ zuerst −10
○ mit der Nachbaraufgabe   ○ mit der Umkehraufgabe

13 − 6 = ⬜ ⟶ _____

○ bis 10 und dann weiter   ○ zuerst −10
○ mit der Nachbaraufgabe   ○ mit der Umkehraufgabe

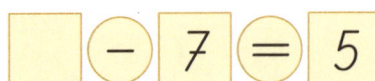

⬜ − 7 = 5 ⟶ _____

○ bis 10 und dann weiter   ○ zuerst −10
○ mit der Nachbaraufgabe   ○ mit der Umkehraufgabe

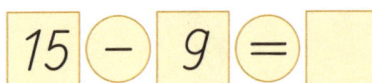

15 − 9 = ⬜ ⟶ _____

○ bis 10 und dann weiter   ○ zuerst −10
○ mit der Nachbaraufgabe   ○ mit der Umkehraufgabe

★ wählen bei der Bearbeitung von Aufgaben geeignete Rechenstrategien zum vorteilhaften Rechnen

1 Löse die Aufgaben. Notiere deinen Rechenweg.

15 − 7 = ☐
15 − ☐ ◯ ☐ = ☐

16 − 7 = ☐
☐ − ☐ ◯ ☐ = ☐

13 − 8 = ☐
☐ − ☐ ◯ ☐ = ☐

11 − 5 = ☐
☐ − ☐ ◯ ☐ = ☐

15 − 6 = ☐
☐ − ☐ ◯ ☐ = ☐

17 − 8 = ☐
☐ − ☐ ◯ ☐ = ☐

15 − 9 = ☐
☐ − ☐ ◯ ☐ = ☐

12 − 5 = ☐
☐ − ☐ ◯ ☐ = ☐

14 − 8 = ☐
☐ − ☐ ◯ ☐ = ☐

13 − 9 = ☐
☐ − ☐ ◯ ☐ = ☐

14 − 5 = ☐
☐ − ☐ ◯ ☐ = ☐

12 − 4 = ☐
☐ − ☐ ◯ ☐ = ☐

13 − 4 = ☐
☐ − ☐ ◯ ☐ = ☐

14 − 9 = ☐
☐ − ☐ ◯ ☐ = ☐

* wenden ihre vorhandenen mathematischen Kenntnisse, Fähigkeiten und Fertigkeiten bei der Bearbeitung unbekannter Aufgaben an
* nutzen bei der Bearbeitung von Aufgaben geeignete Rechenstrategien zum vorteilhaften Rechnen

Minusaufgaben rechnen

Ich nutze immer den besten Rechenweg!

1 Löse die Aufgaben.

12 − 3 = 9	12 − 5 = ☐	16 − 9 = ☐
11 − 4 = ☐	16 − 7 = ☐	12 − 6 = ☐
11 − 6 = ☐	18 − 9 = ☐	19 − 6 = ☐
13 − 5 = ☐	20 − 8 = ☐	12 − 8 = ☐

2 Übertrage die Aufgaben ins Heft und löse sie.

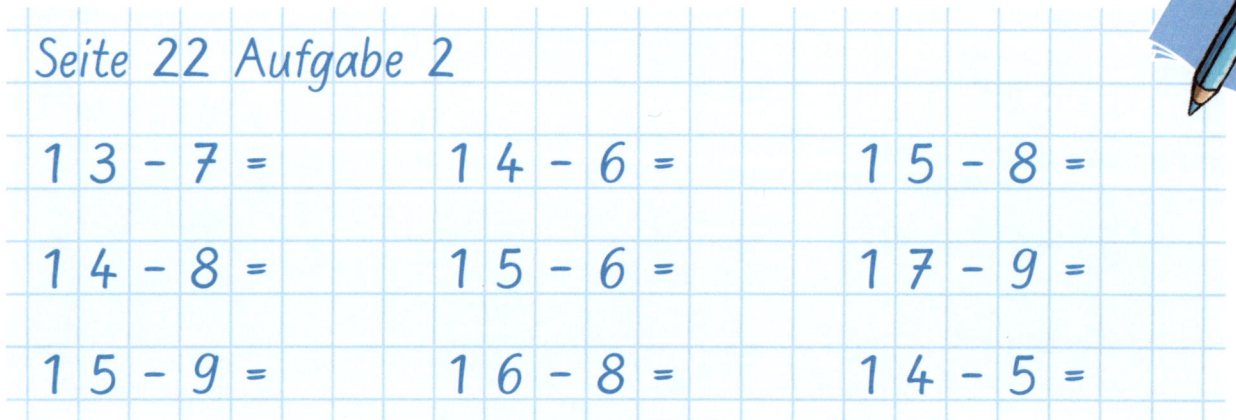

Seite 22 Aufgabe 2

1 3 − 7 =	1 4 − 6 =	1 5 − 8 =
1 4 − 8 =	1 5 − 6 =	1 7 − 9 =
1 5 − 9 =	1 6 − 8 =	1 4 − 5 =

3 Finde viele Minusaufgaben mit 15.
Besprich deine Vorgehensweise mit einem anderen Kind.

15 − ☐ = ☐	15 − ☐ = ☐	15 − ☐ = ☐
15 − ☐ = ☐	15 − ☐ = ☐	15 − ☐ = ☐
15 − ☐ = ☐	15 − ☐ = ☐	15 − ☐ = ☐
15 − ☐ = ☐	15 − ☐ = ☐	15 − ☐ = ☐
15 − ☐ = ☐	15 − ☐ = ☐	15 − ☐ = ☐

＊ wenden ihre vorhandenen mathematischen Kenntnisse, Fähigkeiten und Fertigkeiten bei der Bearbeitung herausfordernder oder unbekannter Aufgaben an
＊ nutzen Rechenstrategien und vergleichen und bewerten Rechenwege und begründen ihre Vorgehensweise

1 Schreibe die Plusaufgabe und die dazu passende Minusaufgabe auf.

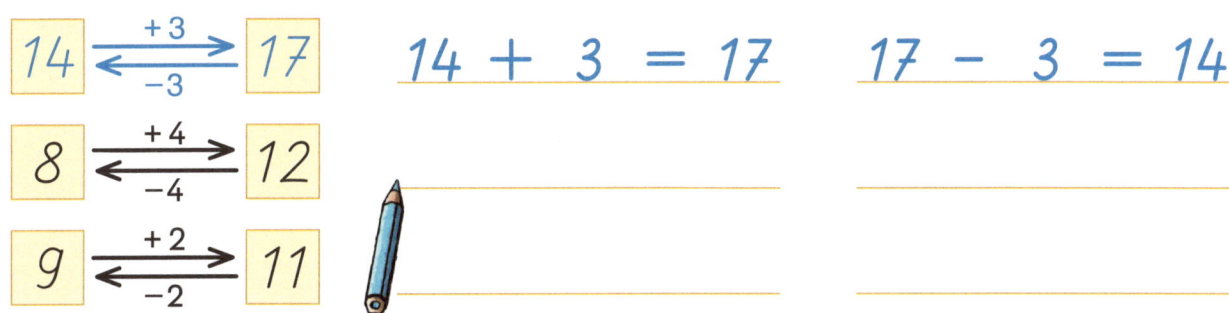

$14 + 3 = 17$ $17 - 3 = 14$

_____   _____

_____   _____

2 Schreibe die Minusaufgabe und die dazu passende Plusaufgabe auf.

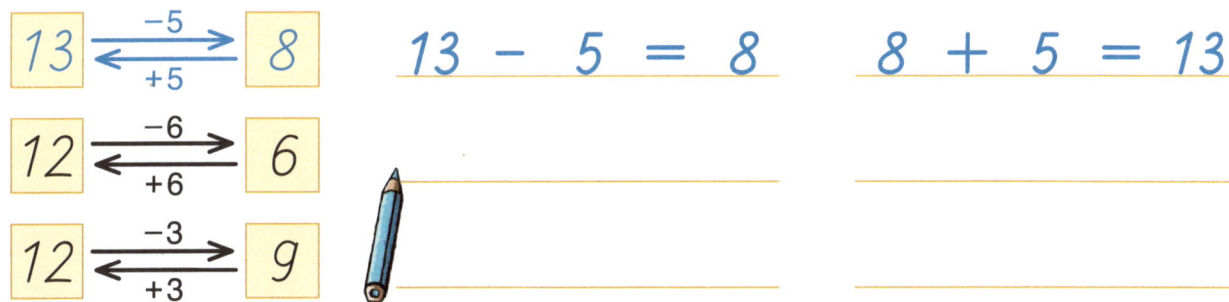

$13 - 5 = 8$ $8 + 5 = 13$

_____   _____

_____   _____

3 Finde selbst Aufgaben und Umkehraufgaben.

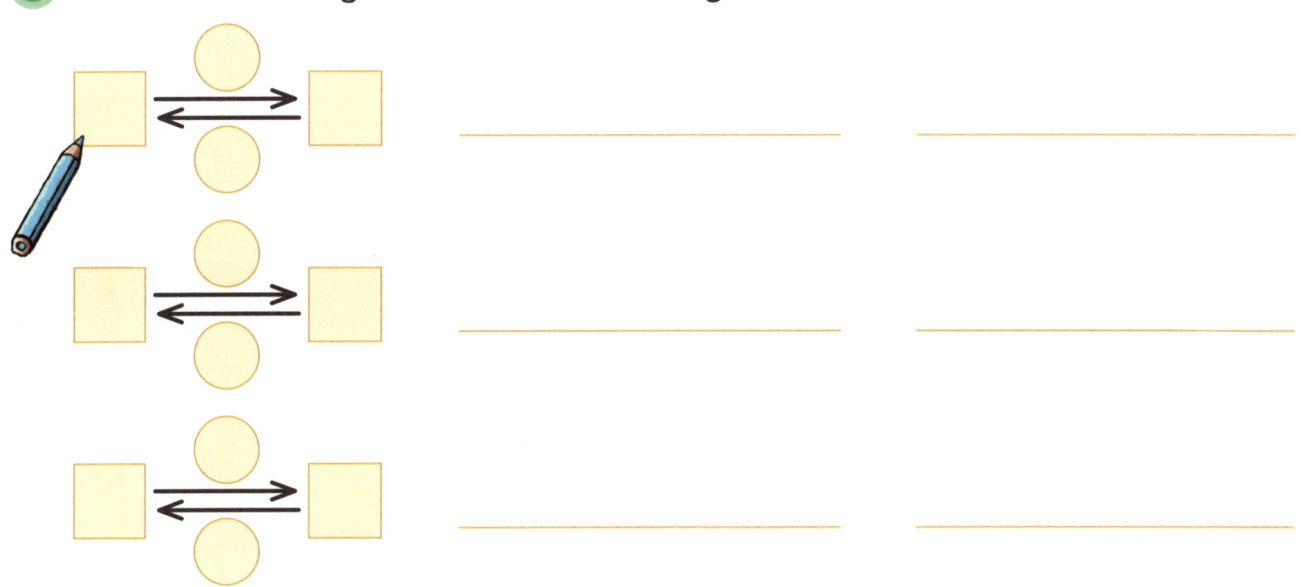

_____   _____

_____   _____

_____   _____

★ übertragen bisherige Erkenntnisse und Erfahrungen auf den erweiterten Zahlenraum
★ erkennen und beschreiben mathematischen Zusammenhänge und verwenden dabei mathematische Fachbegriffe richtig
★ erfinden selbst Aufgaben zu vorgegebenen Strukturen

1 Schreibe zuerst die Umkehraufgabe auf. Trage dann die Lösung ein.

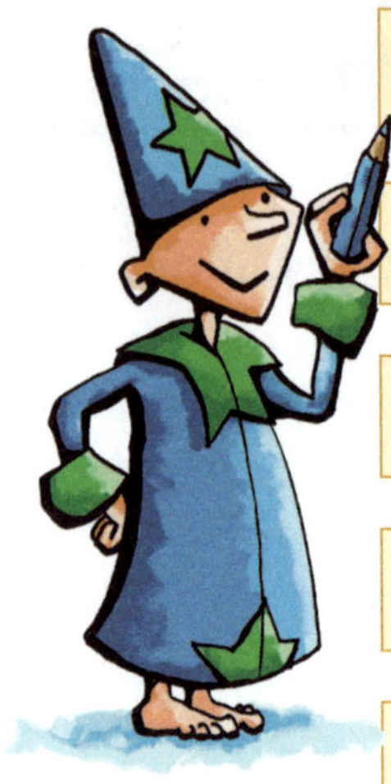

$16 + 3 = 19$ $19 - 3 = 16$

$\boxed{} + 7 = 12$ 12

$\boxed{} + 5 = 14$

$\boxed{} + 2 = 12$

$\boxed{} + 3 = 11$

$\boxed{} + 1 = 20$

$12 - 4 = 8$ $8 + 4 = 12$

$\boxed{} - 4 = 12$

$\boxed{} - 2 = 11$

$\boxed{} - 5 = 7$

$\boxed{} - 8 = 8$

$\boxed{} - 6 = 7$

2 Schreibe weitere Aufgaben und ihre Umkehraufgaben in dein Heft.

Seite 24 Aufgabe 2

$13 - 5 = 8$ $8 + 5 = 13$

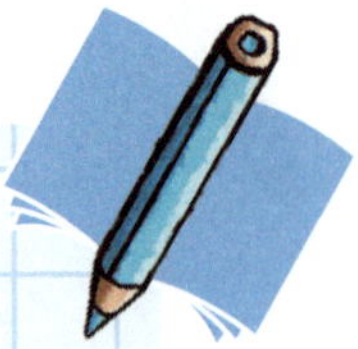

 3 Erkläre einem anderen Kind, warum dir Umkehraufgaben helfen können.

   ∗ nutzen und beschreiben mathematische Zusammenhänge und deren Anwendung beim vorteilhaften Rechnen
∗ erfinden Aufgaben zu vorgegebenen Strukturen

 1

2 Schreibe zu den Zahlen die passenden Plus- und Minusaufgaben.

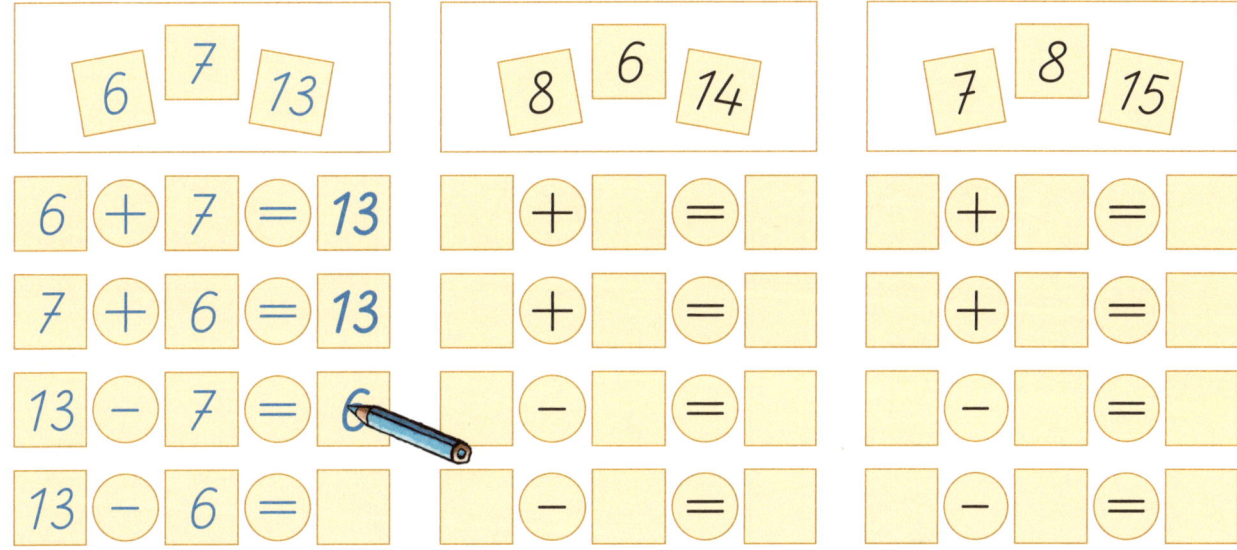

6   7   13   8   6   14   7   8   15

6 + 7 = 13
7 + 6 = 13
13 − 7 = 6
13 − 6 =

3 Finde selbst Zahlen und schreibe passende Plus- und Minusaufgaben dazu.

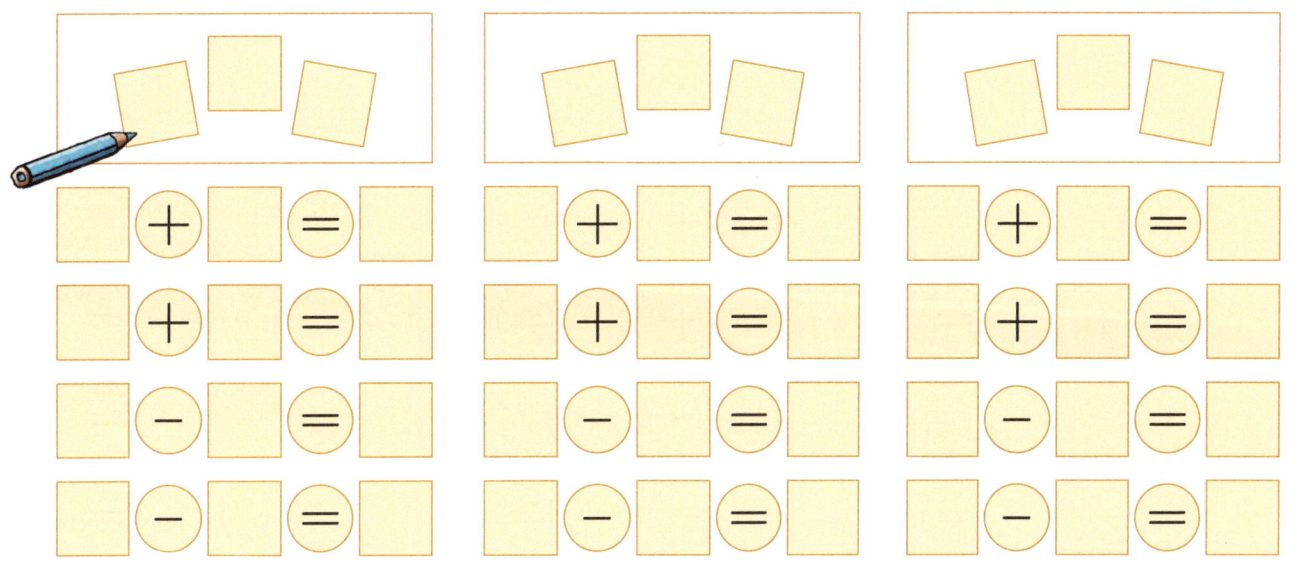

★ übertragen bisherige Kenntnisse und Vorgehensweisen auf ähnliche Sachverhalte
★ kooperieren und kommunizieren und verwenden dabei geeignete mathematische Fachbegriffe richtig
★ erfinden Aufgaben zu vorgegebenen Strukturen

25

Aufgabenfamilien finden

 1 Finde verschiedene Möglichkeiten und rechne.
Besprich deine Beobachtungen mit einem anderen Kind.

13	13	13
☐ + ☐ = ☐	☐ + ☐ = ☐	☐ + ☐ = ☐
☐ + ☐ = ☐	☐ + ☐ = ☐	☐ + ☐ = ☐
☐ − ☐ = ☐	☐ − ☐ = ☐	☐ − ☐ = ☐
☐ − ☐ = ☐	☐ − ☐ = ☐	☐ − ☐ = ☐

13	13	13
☐ + ☐ = ☐	☐ + ☐ = ☐	☐ + ☐ = ☐
☐ + ☐ = ☐	☐ + ☐ = ☐	☐ + ☐ = ☐
☐ − ☐ = ☐	☐ − ☐ = ☐	☐ − ☐ = ☐
☐ − ☐ = ☐	☐ − ☐ = ☐	☐ − ☐ = ☐

13	13	13
☐ + ☐ = ☐	☐ + ☐ = ☐	☐ + ☐ = ☐
☐ + ☐ = ☐	☐ + ☐ = ☐	☐ + ☐ = ☐
☐ − ☐ = ☐	☐ − ☐ = ☐	☐ − ☐ = ☐
☐ − ☐ = ☐	☐ − ☐ = ☐	☐ − ☐ = ☐

★ wenden ihre vorhandenen mathematischen Kenntnisse, Fähigkeiten und Fertigkeiten bei der Bearbeitung herausfordernder oder unbekannter Aufgaben an
★ probieren zunehmend systematisch und zielorientiert und nutzen die Einsicht in Zusammenhänge

1 Rechne die Aufgabe aus und trage den passenden Buchstaben ein.

$8 + 7 = 15$ I

$12 - 9 =$

$7 + 4 =$

$15 - 7 =$

$9 + 5 =$

$18 - 4 =$

$15 - 8 =$

$8 + 5 =$

$9 + 6 =$

$12 - 6 =$

$12 - 4 =$

$13 - 6 =$

$9 + 8 =$

$12 - 8 =$

$5 + 5 =$

$11 - 7 =$

$12 + 2 =$

$17 - 17 =$

$15 - 9 =$

$20 - 5 =$

$18 - 4 =$

$13 - 9 =$

$10 - 0 =$

$7 + 6 =$

$11 - 9 =$

$11 - 8 =$

$8 + 6 =$

$12 - 10 =$

$7 + 7 =$

Lösungssatz

★ übertragen ihre Kenntnisse und Vorgehensweisen auf ähnliche Aufgabenstellungen
★ nutzen aufgabenbezogen Strategien zum vorteilhaften Rechnen

27

Rechenblumen ergänzen

1 Rechne und trage ein.

> 17 – 1 = 16 oder 16 + 1 = 17

Blume 1 (Mitte 17): 16, 1, 6, 10, 4, 8, 9, 2, 3

Blume 2 (Mitte 12): 12, 4, 5, 7, 11, 1, 10, 2, 3, 9, 8, 6

Blume 3 (Mitte 14): 9, 8, 1, 6, 12, 14, 4, 3, 7, 5, 14

Blume 4 (Mitte 16): 13, 9, 6, 2, 7, 16, 8, 4, 16, 1, 11

Blume 5 (Mitte 18): 2, 3, 6, 4, 6, 2, 12, 2, 3, 6, 18, 2, 3, 3, 9, 12, 7, 7, 8, 2, 3, 2

2 Wähle eine Blume aus und schreibe die Aufgaben in dein Heft.

★ übertragen ihre Kenntnisse und Vorgehensweisen auf ähnliche Aufgabenstellungen
★ nutzen aufgabenbezogen Strategien zum vorteilhaften Rechnen

Fehler bei Plus- und Minusaufgaben finden

1 Berichtige falsche Zahlen und Rechenzeichen.
(Es sind insgesamt 10 Fehler.)

$18 + 5 = 13$

$8 + 8 = 16$

$15 - 7 = 9$

$17 - 6 = 11$

$10 + 10 = 0$

$16 - 4 = 12$

$18 + 9 = 9$

$14 + 4 = 18$

$14 - 6 = 8$ $15 - 8 = 7$ $11 - 3 = 8$

$7 - 7 = 14$ $9 - 3 = 12$ $8 - 6 = 10$

$13 - 5 = 18$ $13 - 5 = 8$ $9 - 5 = 14$

$7 - 8 = 20$ $20 - 6 = 14$ $20 - 4 = 16$

2 Trage passende Rechenzeichen ein.
Zwei Aufgaben haben Fehler. Berichtige falsche Zahlen.

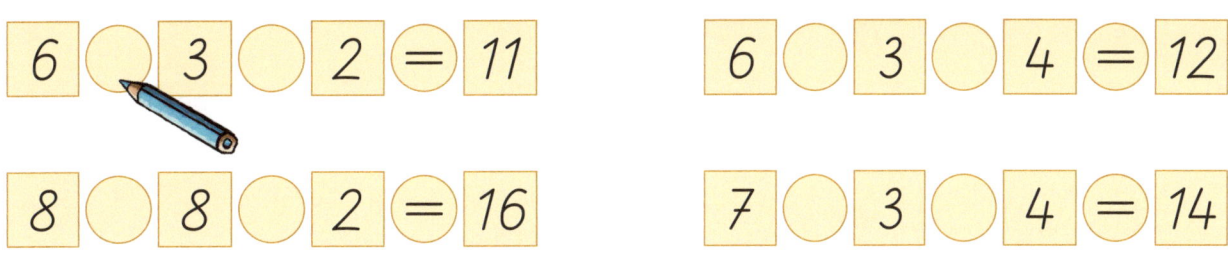

$6 \bigcirc 3 \bigcirc 2 = 11$

$8 \bigcirc 8 \bigcirc 2 = 16$

$6 \bigcirc 3 \bigcirc 4 = 12$

$7 \bigcirc 3 \bigcirc 4 = 14$

1 Trage die Zahlen so ein, dass sich senkrecht ↓ und waagerecht →
die angegebene Zahl ergibt.

immer 10

2	4	4
3	2	5
5	4	1

immer 10

5	2	3
	1	4

5 + 2 + 3 = 10

immer 15

	10	2
5	3	

immer 15

4		
	3	
		1

immer 15

		8
7		

immer 18

	6	6
	7	2

immer 18

10	2	
		8

immer 18

2		
	5	
		1

immer 20

	6	4	8
4			6
8	4		2
6	2		4

immer ___

immer ___

* stellen Vermutungen über Zusammenhänge an
* probieren zunehmend systematisch und zielorientiert und nutzen die Einsicht in Zusammenhänge
* erfinden selbst Aufgaben zu vorgegebenen Strukturen

1 Trage passende Zahlen ein.

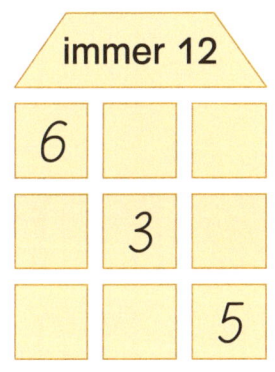
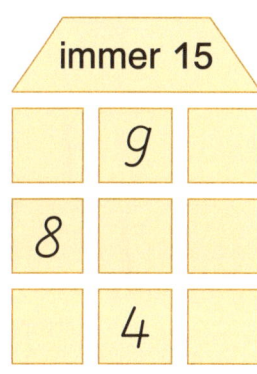

2 Erhöhe alle Zahlen aus **1** um 1. Wie verändert sich die Zahl im Dach?
Besprich deine Beobachtungen mit einem anderen Kind.

Die Zahl im Dach _____

_____

_____

3 Überlege gemeinsam mit einem anderen Kind, ohne zu rechnen.
Die Zahlen in den Häusern werden alle um 1 verringert.
Wie verändert sich die Zahl im Dach?

Die Zahl im Dach _____

_____

_____

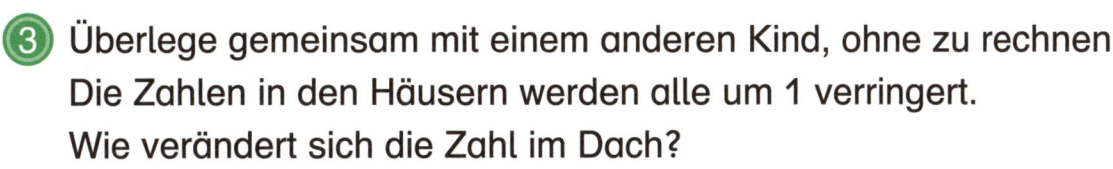

Zahlenmauern bauen

1 Ergänze die Zahlenmauern.

3 + 4 = 7

Mauer 1:
- 4
- 1, 3
- 0, 1, 2

Mauer 2:
- (leer)
- (leer), 7
- 2, 3, 4

Mauer 3:
- (leer)
- (leer), (leer)
- 5, 3, 5

Mauer 4:
- (leer)
- (leer), (leer)
- 7, 2, 8

Mauer 5:
- (leer)
- (leer), (leer)
- 9, 2, 5

Mauer 6:
- (leer)
- (leer), (leer)
- (leer), (leer), (leer)
- 2, 2, 2, 2

Mauer 7:
- (leer)
- (leer), (leer)
- (leer), (leer), (leer)
- 5, 2, 1, 4

2

Mauer 1:
- (leer)
- (leer), 7
- 6, 2, (leer)

Mauer 2:
- (leer)
- 8, 9
- 5, (leer), (leer)

Mauer 3:
- 11
- 6, (leer)
- (leer), 3, (leer)

Mauer 4:
- (leer)
- (leer), 9
- 5, 3, (leer)
- (leer), 2, (leer)

Mauer 5:
- 20
- 12, (leer)
- (leer), 6, (leer)
- 1, (leer), (leer), (leer)

★ wenden ihre vorhandenen mathematischen Kenntnisse, Fähigkeiten und Fertigkeiten bei der Bearbeitung unbekannter Aufgaben an

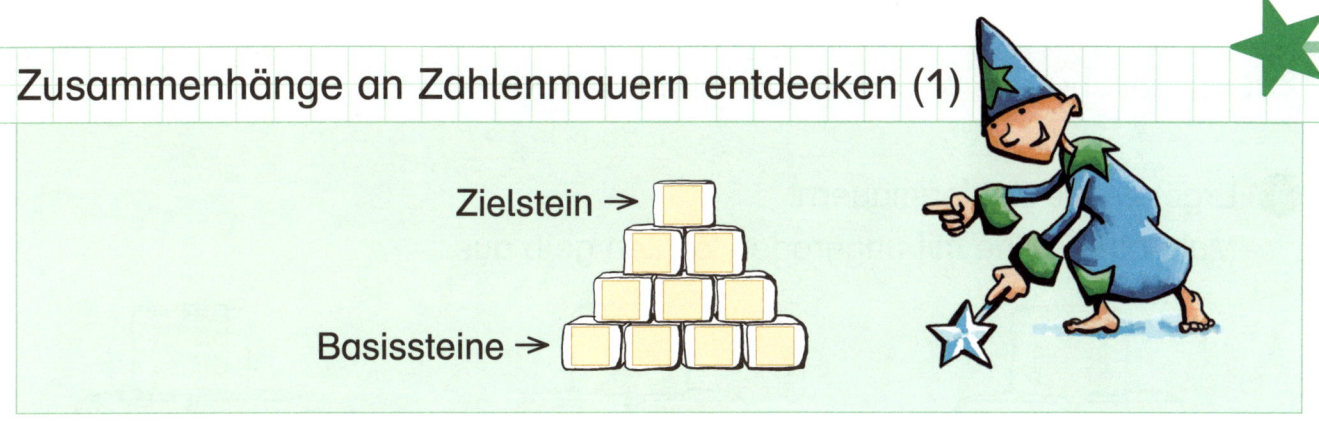

Zielstein →

Basissteine →

1 Ergänze die Zahlenmauern.

3 2 3   2 4 1   5 2 1

2 Erhöhe den linken Basisstein um 1.
Wie verändert sich der Zielstein?

3 Erhöhe den mittleren Basisstein um 1.
Wie verändert sich der Zielstein?

4 Erkläre deine Entdeckungen einem anderen Kind.

★ erkennen mathematische Zusammenhänge, entwickeln Lösungsmöglichkeiten und suchen situationsangemessene Begründungen
★ erklären Beziehungen und Gesetzmäßigkeiten, vollziehen Begründungen anderer nach und verwenden
dabei mathematische Fachbegriffe richtig

1 Ergänze die Zahlenmauern.
Male alle Steine mit ungeraden Zahlen gelb aus.

2 Notiere deine Beobachtungen.

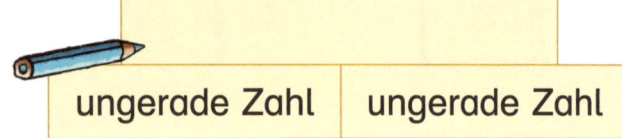

| ungerade Zahl | ungerade Zahl | | gerade Zahl | gerade Zahl |

| ungerade Zahl | gerade Zahl |

 3 Erkläre deine Entdeckungen einem anderen Kind.

4

* erkennen mathematische Zusammenhänge, entwickeln Lösungsmöglichkeiten und suchen situationsangemessene Begründungen
* erklären Beziehungen und Gesetzmäßigkeiten, vollziehen Begründungen anderer nach und verwenden dabei Fachbegriffe
* übertragen ihre bisherigen Kenntnisse und Vorgehensweisen auf erweiterte Aufgabenstellungen

1 Setze >, < oder = ein.

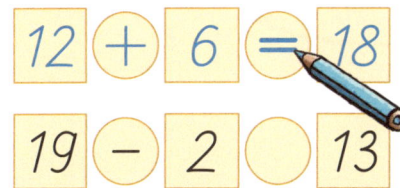

12 + 6 = 18

19 − 2 ◯ 13

20 − 6 ◯ 14

11 + 3 ◯ 14

17 − 3 ◯ 10

17 − 3 ◯ 14

17 − 3 ◯ 16

19 − 7 ◯ 12

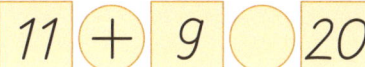
16 + 3 ◯ 20

11 + 9 ◯ 20

18 − 7 ◯ 10

9 + 4 ◯ 7

9 + 5 ◯ 17

9 + 6 ◯ 15

2 Setze >, < oder = ein.

10 ◯ 3 + 8 − 2

8 ◯ 5 + 11 − 8

20 ◯ 17 − 2 − 3

11 ◯ 16 − 5 + 0

12 + 3 + 4 ◯ 19

12 − 3 − 4 ◯ 9

12 − 3 + 4 ◯ 15

12 + 3 − 4 ◯ 9

3 Erfinde eigene Kettenaufgaben mit + und −.

⬜ ◯ ⬜ ◯ ⬜ ◯ ⬜ ◯ ⬜ > ⬜

⬜ ◯ ⬜ ◯ ⬜ ◯ ⬜ ◯ ⬜ < ⬜

⬜ ◯ ⬜ ◯ ⬜ ◯ ⬜ ◯ ⬜ = ⬜

★ wenden ihre vorhandenen mathematischen Kenntnisse, Fähigkeiten und Fertigkeiten bei der Bearbeitung unbekannter Aufgaben an
★ erfinden selbst Aufgabenstellungen zu vorgegebenen Strukturen

35

1 Setze ⊕, ⊖, ⊗, ⊘ oder ⊜ ein.

> Das kann ich schon gut!

| 13 | − | 4 | > | 8 |

| 11 | ○ | 7 | ○ | 4 |

| 8 | ○ | 9 | ○ | 20 |

| 14 | ○ | 8 | ○ | 6 |

| 7 | ○ | 6 | ○ | 12 |

| 11 | ○ | 9 | ○ | 3 |

| 18 | ○ | 8 | ○ | 10 |

| 12 | ○ | 5 | ○ | 7 |

| 8 | ○ | 8 | ○ | 16 |

| 11 | ○ | 10 | ○ | 12 |

| 9 | ○ | 5 | ○ | 15 |

| 9 | ○ | 9 | ○ | 18 |

| 7 | ○ | 5 | ○ | 2 |

| 12 | ○ | 9 | ○ | 2 |

| 9 | ○ | 7 | ○ | 2 |

2 Erfinde eigene Aufgaben.

* wenden ihre vorhandenen mathematischen Kenntnisse, Fähigkeiten und Fertigkeiten bei der Bearbeitung herausfordernder oder unbekannter Aufgaben an
* erfinden selbst Aufgabenstellungen zu vorgegebenen Strukturen

1 Trage Rechenbefehle und Ergebnisse ein.

4

+7

11

16

-8

20

10

-5

13

14

18

7

+5

6

16

7

+10

17

+7

12

+4

17

12

3

15

1

11

19

20

★ wenden ihre vorhandenen mathematischen Kenntnisse, Fähigkeiten und Fertigkeiten
bei der Bearbeitung herausfordernder oder unbekannter Aufgaben an

37

1 Trage die Pfeilrichtungen und die passenden Rechenbefehle ein.

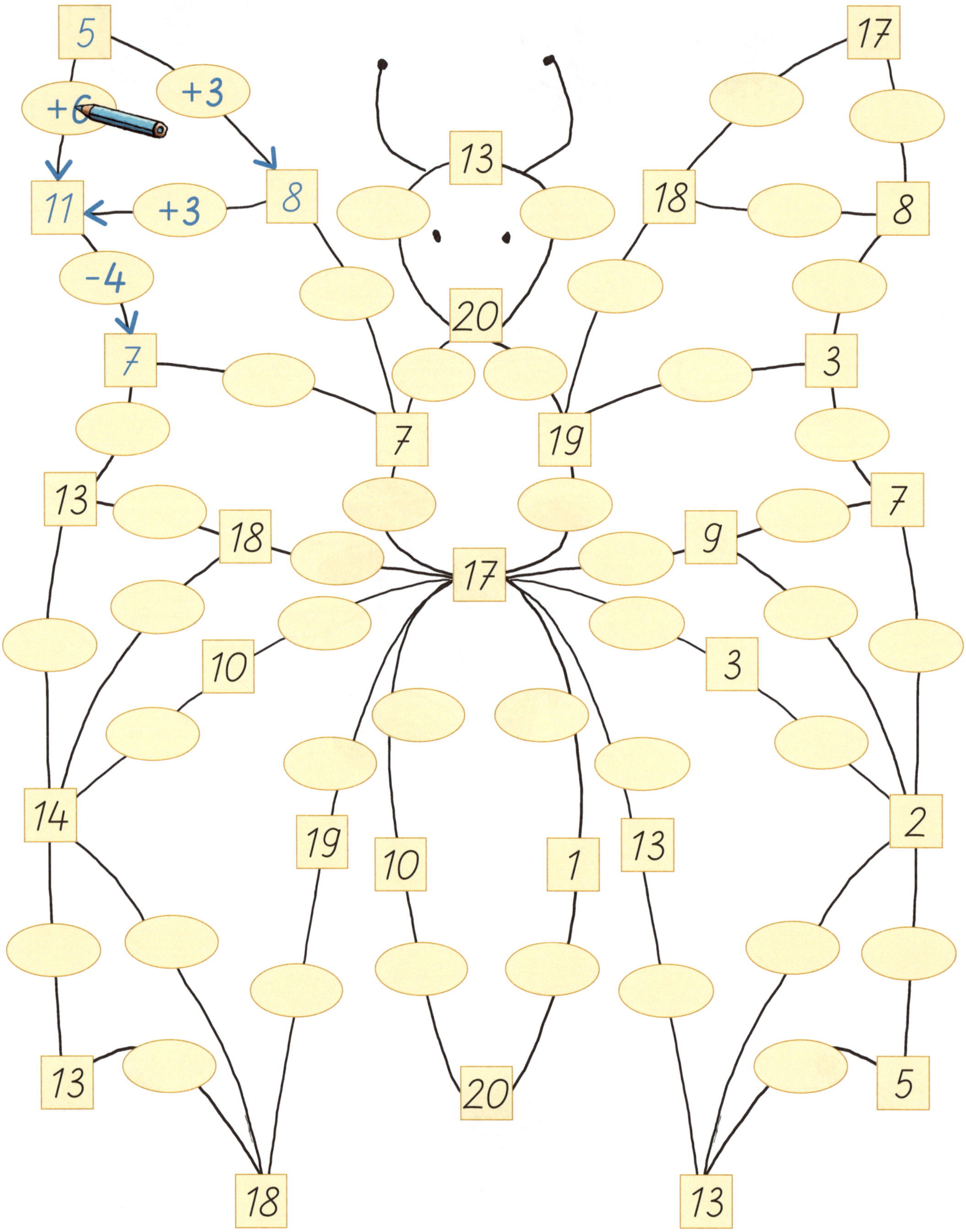

5

+6   +3

11   +3   8

−4

7

13

18

10

14

13

18

13

17

13

18   8

20

3

7

19

17

9

3

7

2

19   10   1   13

20

5

13

★ wenden ihre vorhandenen mathematischen Kenntnisse, Fähigkeiten und Fertigkeiten
bei der Bearbeitung herausfordernder oder unbekannter Aufgaben an

1 Welche Fragen kannst du beantworten? Markiere sie gelb.

Wie viele Kinder stehen am Stand für Getränke?

Wie viele Kinder hüpfen mit dem Sack?

Wie alt ist Frau Müller?

Wie teuer ist ein Stück Kuchen?

Wie viele Kinder siehst du beim Dosenwerfen?

Kann es sein, dass 5 Kugeln Eis 15 Euro kosten?

Tobi

Tim

Maja

Meral

Lea

Paul

2 Finde selbst weitere Fragen zum Bild.
Schreibe sie in dein Heft.
Ein anderes Kind soll sie beantworten.

Seite 39 Aufgabe 2

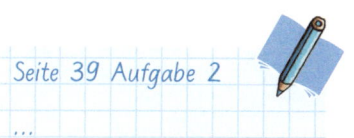

★ entnehmen Sachsituationen Informationen und unterscheiden dabei zwischen relevanten und nicht relevanten
★ formulieren zu gegebenen Sachsituationen mathematische Fragestellungen

1 Kreise das passende Rechenzeichen ein.

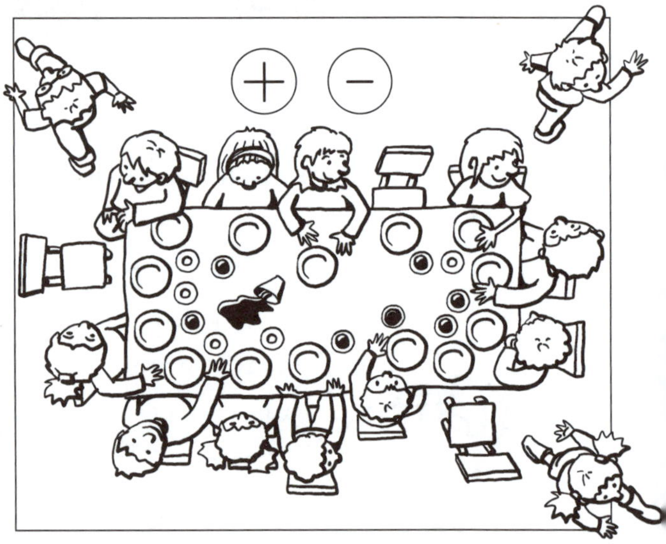

$+$ $-$

$+$ $-$

$+$ $-$

$+$ $-$

2 Male selbst passende Bilder.
Erzähle einem anderen Kind deine Rechengeschichte.

$+$

$-$

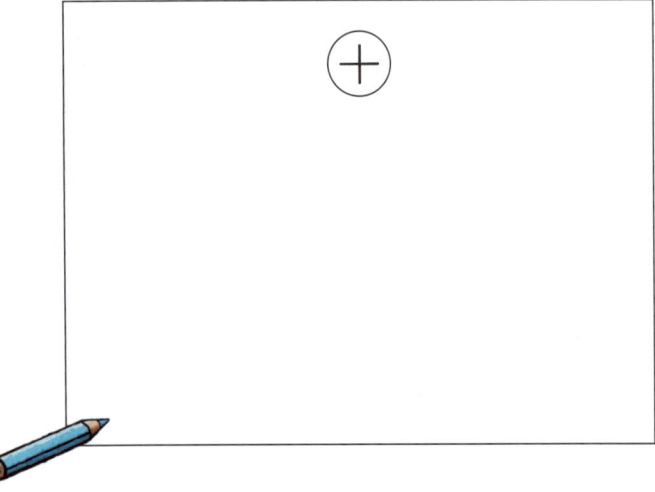

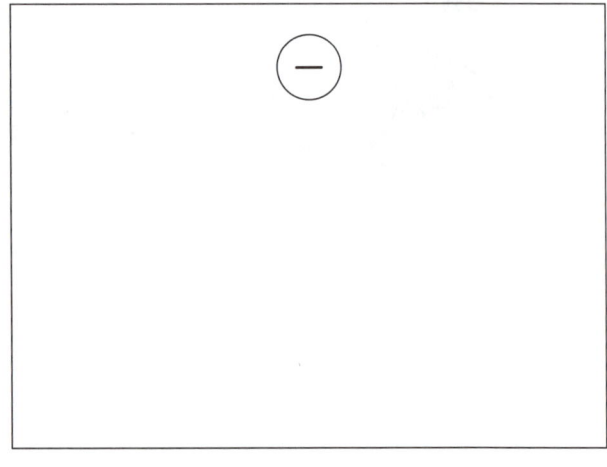

* ordnen Sachsituationen passende Rechenoperationen zu
* finden zu vorgegebenen Rechenoperationen passende Sachsituationen

1 Schreibe zu jedem Bild eine passende Rechenaufgabe.
Vergleiche mit einem anderen Kind.

$$13 - 5 = 8$$

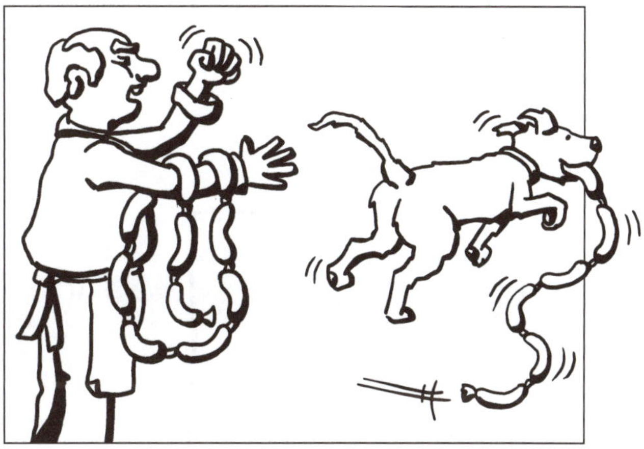

$$\boxed{}\ \bigcirc\ \boxed{}\ = \boxed{}$$

$$\boxed{}\ \bigcirc\ \boxed{}\ = \boxed{}$$

$$\boxed{}\ \bigcirc\ \boxed{}\ = \boxed{}$$

$$\boxed{}\ \bigcirc\ \boxed{}\ = \boxed{}$$

$$\boxed{}\ \bigcirc\ \boxed{}\ = \boxed{}$$

★ entnehmen bildlich dargestellten Sachsituationen Informationen und unterscheiden dabei zwischen relevanten und nicht relevanten
★ übersetzen Sachsituationen in die Sprache der Mathematik
★ finden mathematische Lösungen zu Sachsituationen

1 Was passt zusammen?
Verbinde.

9 Matten liegen
auf dem Wagen.
2 Matten legen
die Kinder dazu.

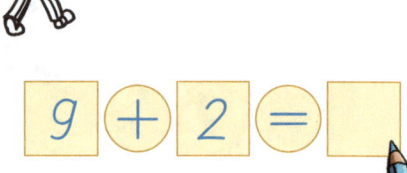

$9 + 2 =$

11 Kinder saßen
auf der Bank.
5 Kinder
gehen weg.

$9 + 3 =$

15 Bälle lagen im
Schrank.
6 Bälle holen
sich die Kinder.

$11 - 5 =$

9 Kinder
sitzen im Kreis.
3 Kinder kommen
noch dazu.

$15 - 6 =$

✷ entnehmen schriftlich und bildlich dargestellten Sachsituationen Informationen und unterscheiden dabei
zwischen relevanten und nicht relevanten
✷ ordnen Sachsituationen die passende Rechenoperation zu

Rechengeschichte und Aufgabe zuordnen

1 Was passt zusammen? Verbinde. Berechne das Ergebnis.

Lena hat 7 Postkarten.
Sie bekommt noch 5 Postkarten geschenkt.

$7 + 6 = \boxed{}$

$7 + 5 = 12$

Tim hat 16 Kaugummis.
7 Kaugummis schenkt er seinem Freund.

Sofie hat 18 Puppen.
10 Puppen leiht sie ihrer Freundin.

$16 - 7 = \boxed{}$

Ole hat 7 Steine gesammelt.
Er findet noch 6 Steine.

$8 + 5 = \boxed{}$

Anne hat 13 Sticker gesammelt.
Leider hat sie 5 Sticker verloren.

$18 - 10 = \boxed{}$

Maja hat 12 Autos in einer Kiste.
Sie nimmt 5 Autos heraus.

$12 - 5 = \boxed{}$

Tom hat 8 Ritter im Regal.
Er stellt noch 5 Ritter dazu.

$13 - 5 = \boxed{}$

2

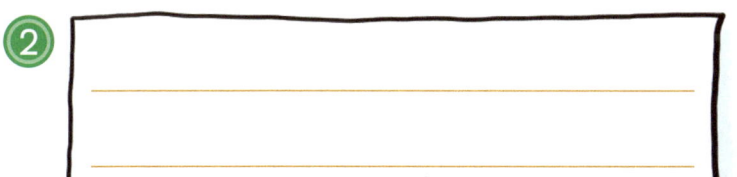

★ entnehmen schriftlich dargestellten Sachsituationen Informationen
★ ordnen Sachsituationen die passende Rechenoperation zu

43

1 Schreibe eine Rechengeschichte zu | 8 + 5 | .

2 Schreibe eine Rechengeschichte zu | 12 − 4 | .

3 Bitte ein anderes Kind, deine Rechengeschichten zu lösen.
So könnt ihr überprüfen, ob Aufgabe und Geschichte zusammen passen.

★ erfinden Sachsituationen zu Rechenoperationen
★ zeigen Zusammenhänge zwischen Sachsituationen und Rechenoperationen auf und beschreiben diese im Austausch mit anderen

1 Ordne Bilder und Zehnerzahlen zu.

30 sind
3 Zehner.

30 | 3Z

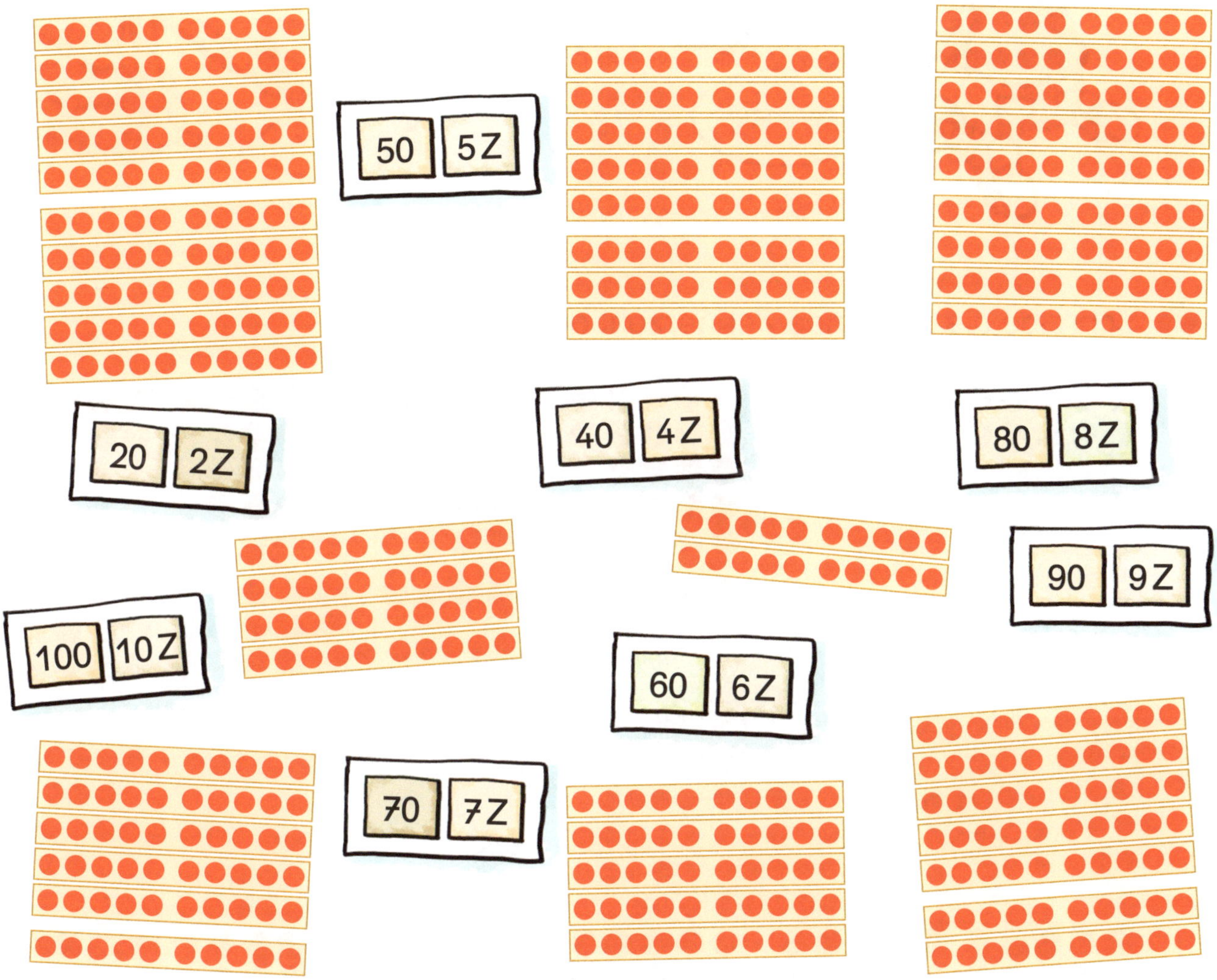

50 | 5Z

20 | 2Z

40 | 4Z

80 | 8Z

90 | 9Z

100 | 10Z

60 | 6Z

70 | 7Z

2 Ordne zu.

1Z | 2Z | 3Z | 4Z | 5Z | 6Z | 7Z | 8Z | 9Z | 10Z

20 | 10 | 40 | 30 | 70 | 60 | 50 | 90 | 100 | 80

* übertragen Kenntnisse und Vorgehensweisen auf den erweiterten Zahlenraum
* stellen Zahlen unter Anwendung der Struktur des Zehnersystems dar
* führen Zahldarstellungen ineinander über

 1

2 Schreibe die passende Zehnerzahl auf.

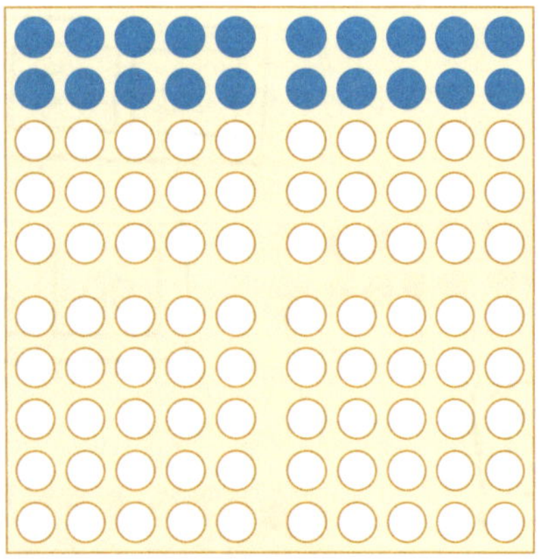

20

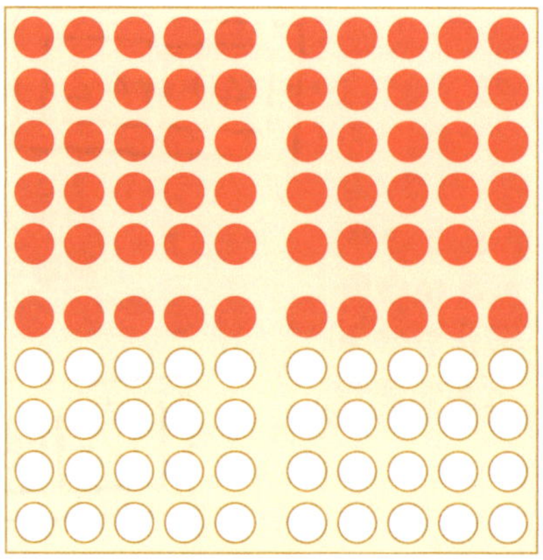

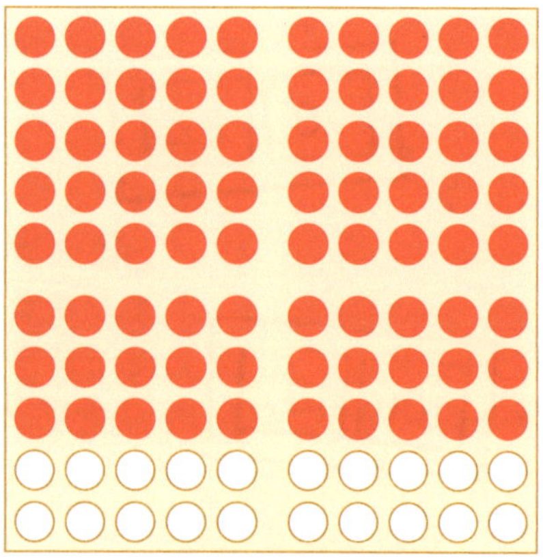

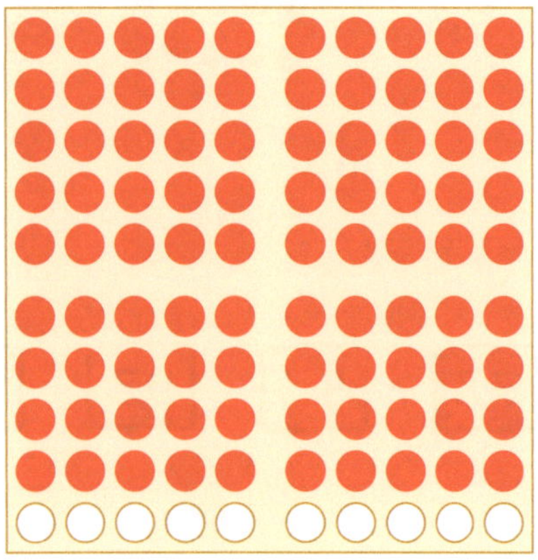

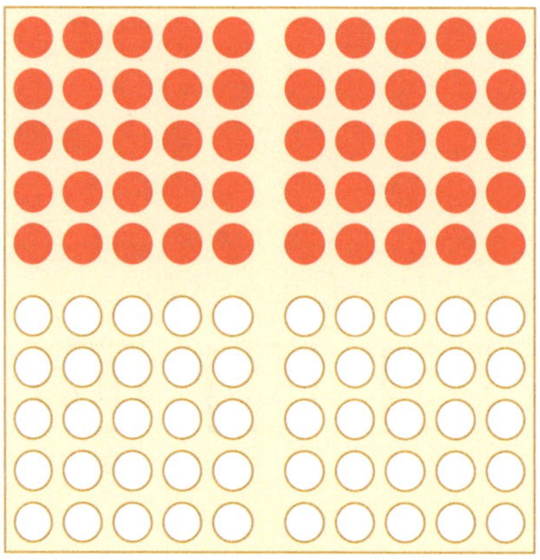

★ übertragen Kenntnisse und Vorgehensweisen auf den erweiterten Zahlenraum
★ stellen Zahlen unter Anwendung der Struktur des Zehnersystems dar
★ bearbeiten Aufgabenstellungen gemeinsam, kooperieren und kommunizieren

1 Zeichne Punktebilder. Markiere Zehner blau.

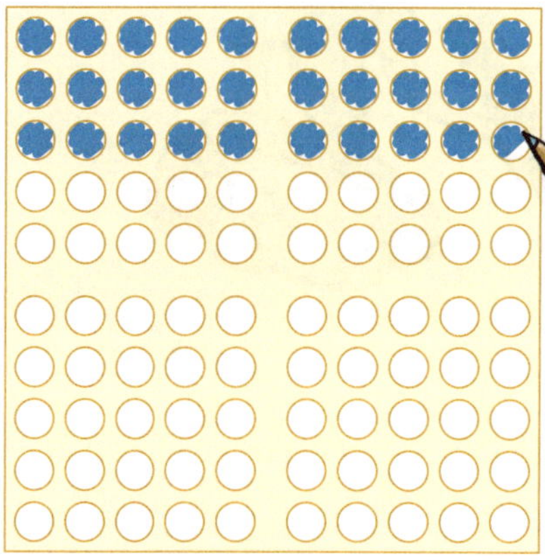

30  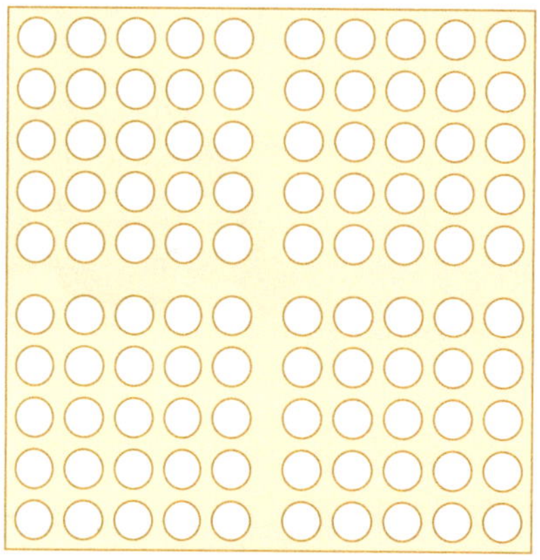   40

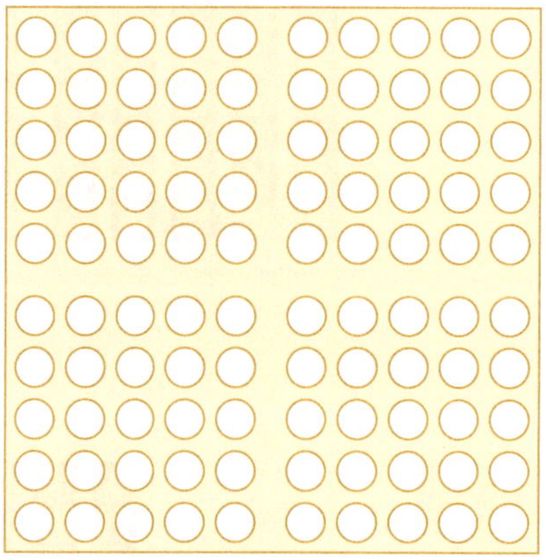

20 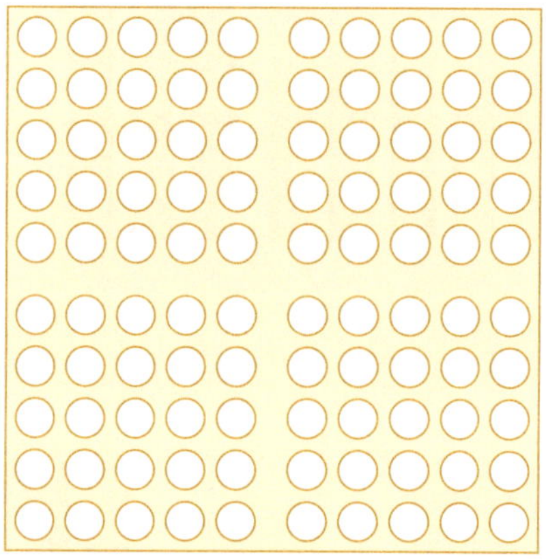   50 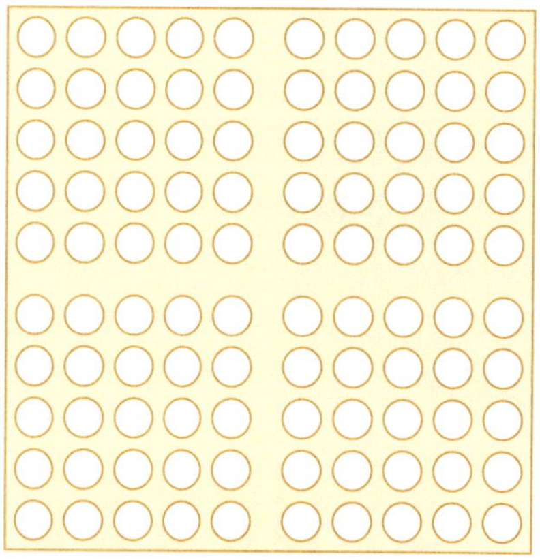   60

2 Zeichne Punktebilder. Schreibe die Zahlen dazu.

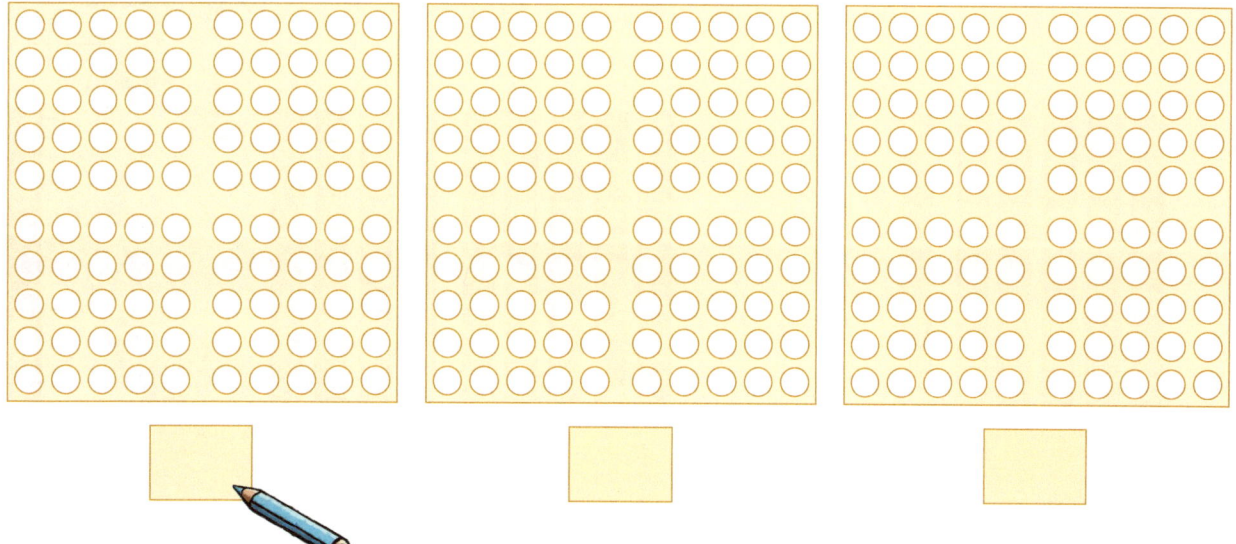

★ führen Zahldarstellungen ineinander über
★ stellen Zahlen unter Anwendung der Struktur des Zehnersystems dar
★ erfinden Aufgaben zu vorgegebenen Strukturen

47

dreißig

2 Schreibe die passende Zehnerzahl auf.

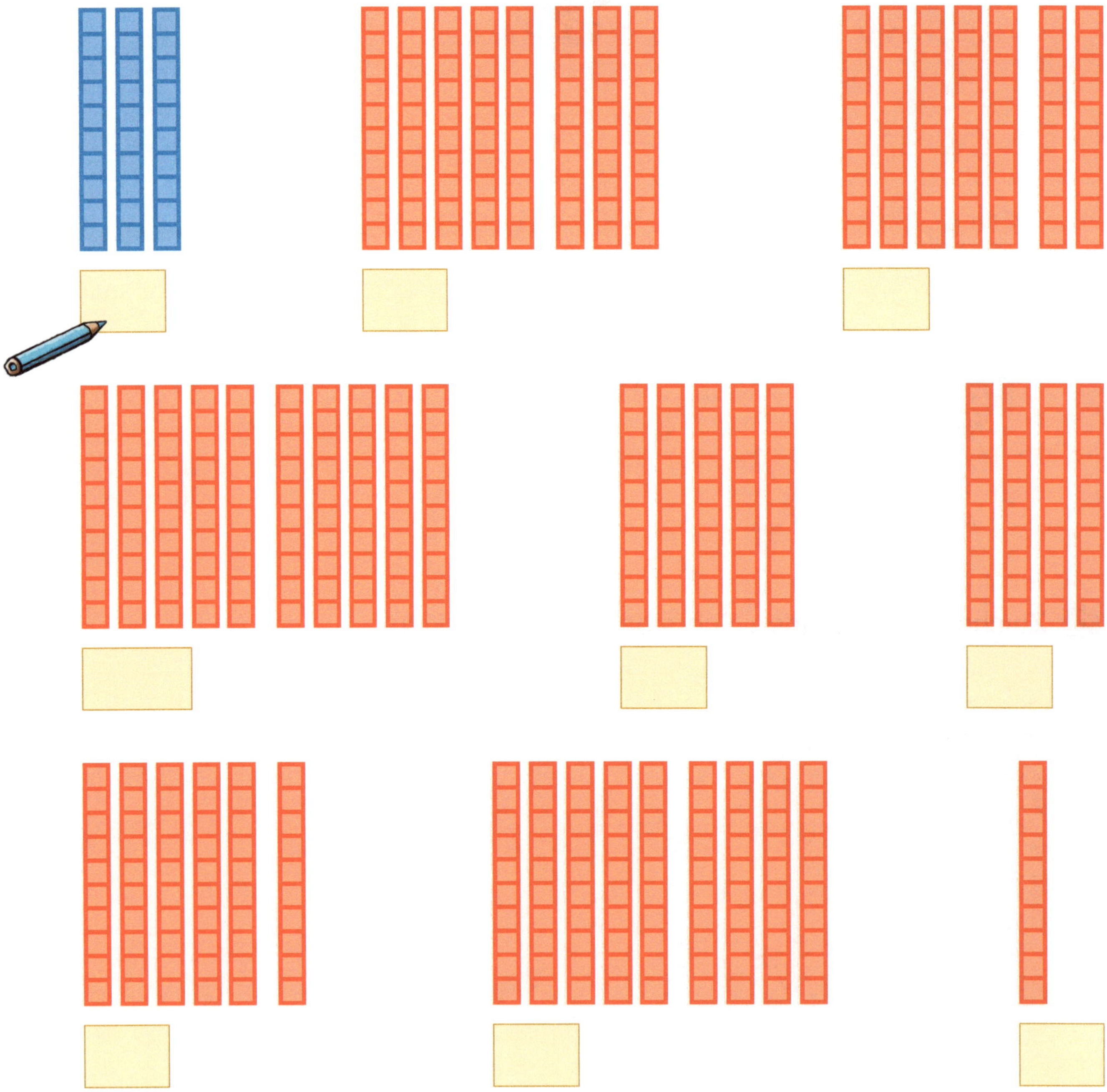

★ führen Zahldarstellungen ineinander über
★ stellen Zahlen unter Anwendung der Struktur des Zehnersystems dar
★ bearbeiten Aufgabenstellungen gemeinsam, kooperieren und kommunizieren

2 Zeichne die Zahlen.
Für jeden Turm | machst du einen Strich |.

| | | |

30

80

40

60

1

30

2 Verbinde.

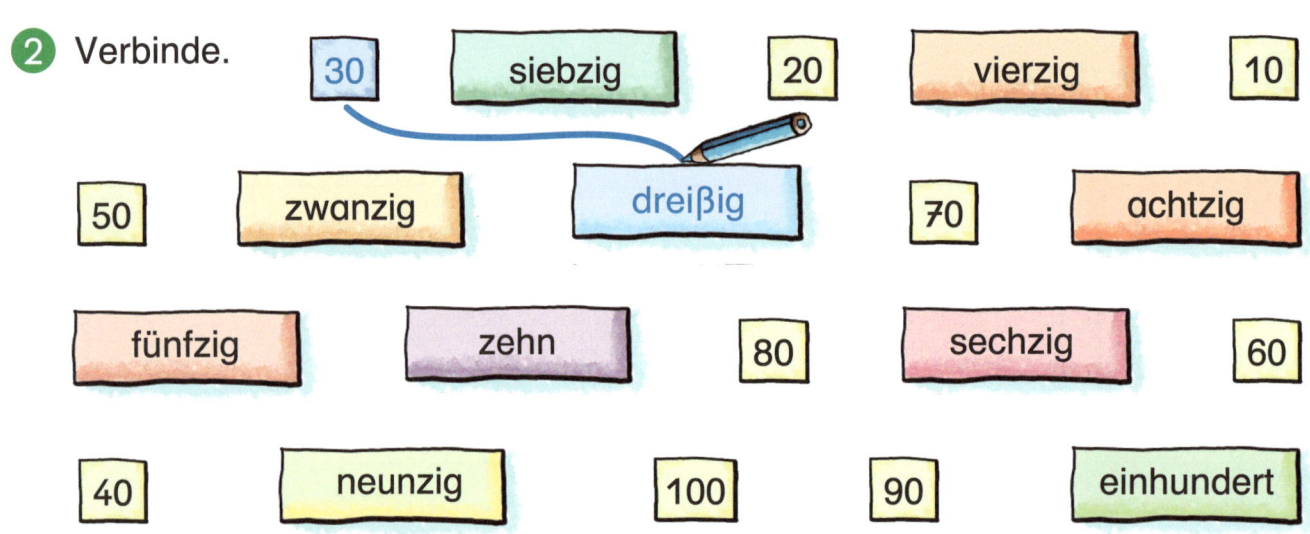

30 siebzig 20 vierzig 10

50 zwanzig dreißig 70 achtzig

fünfzig zehn 80 sechzig 60

40 neunzig 100 90 einhundert

3 Schreibe die passende Zahl auf.

einhundert 100   zehn [ ]   siebzig [ ]

vierzig [ ]   fünfzig [ ]   neunzig [ ]

achtzig [ ]   dreißig [ ]   zwanzig [ ]

4 Schreibe jede Zahl als Wort.

50 *fünfzig* _____   40 _____

80 _____   90 _____

30 _____   60 _____

★ führen Zahldarstellungen ineinander über
★ bearbeiten Aufgabenstellungen gemeinsam, kooperieren und kommunizieren

1

2 Setze die Zeichen ⊙, ⊙ oder ⊜ ein.

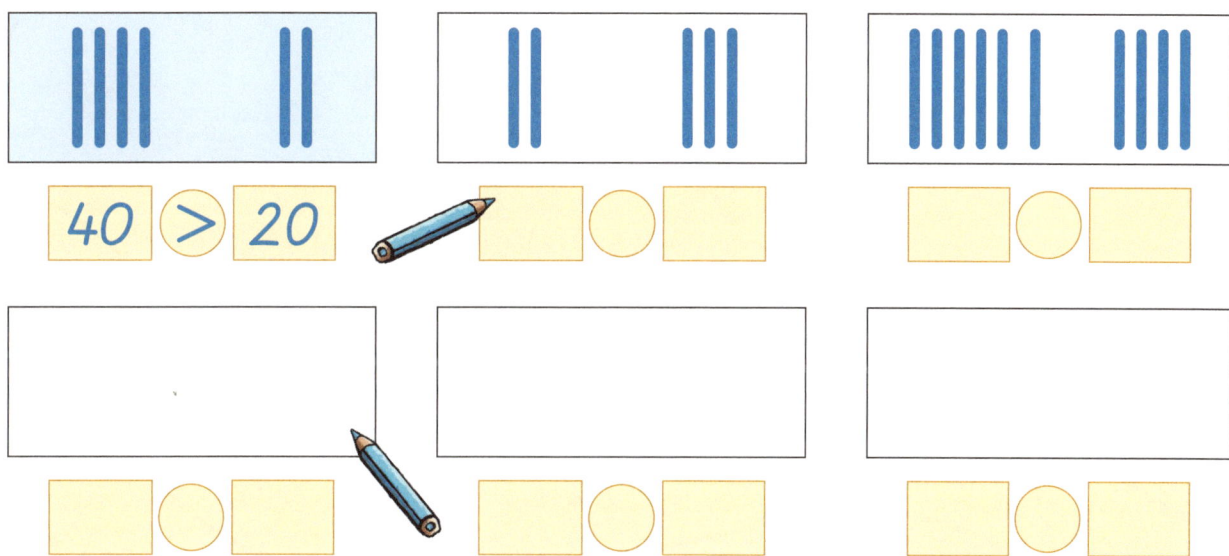

40 > 20

3 Setze das passende Zeichen oder eine passende Zahl ein. ⊙ ⊙ ⊜

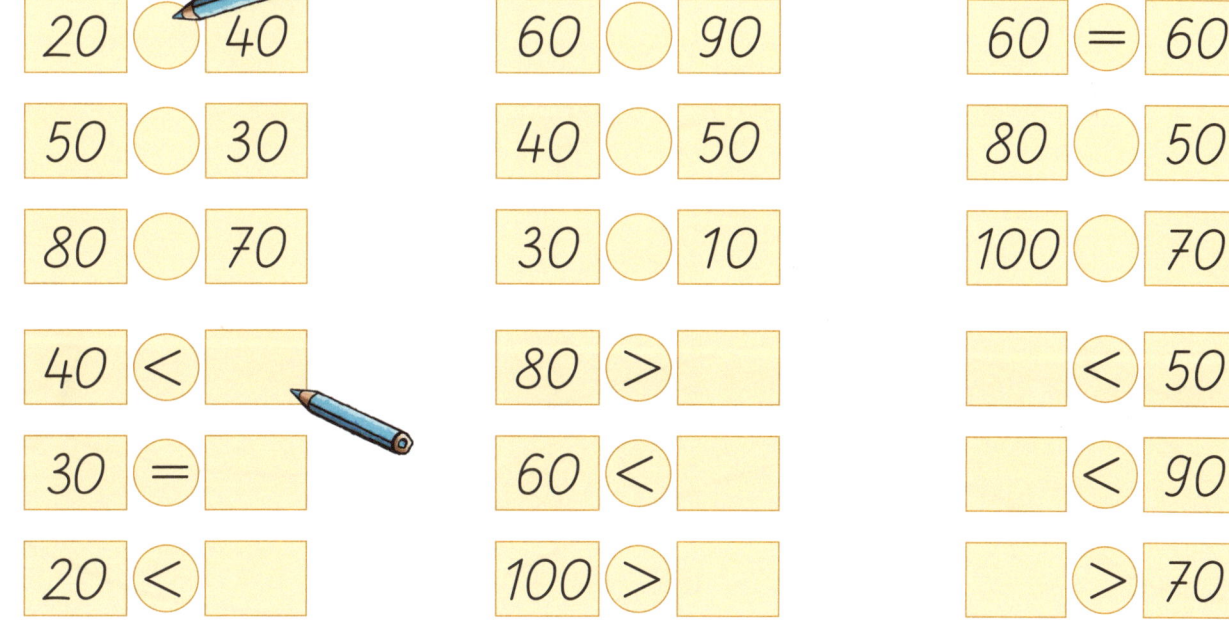

20 ◯ 40   60 ◯ 90   60 = 60

50 ◯ 30   40 ◯ 50   80 ◯ 50

80 ◯ 70   30 ◯ 10   100 ◯ 70

40 < ▢   80 > ▢   ▢ < 50

30 = ▢   60 < ▢   ▢ < 90

20 < ▢   100 > ▢   ▢ > 70

★ bearbeiten Aufgabenstellungen gemeinsam, kooperieren und kommunizieren
★ führen Zahldarstellungen ineinander über
★ ordnen und vergleichen Zahlen und verwenden dabei mathematische Zeichen

51

1

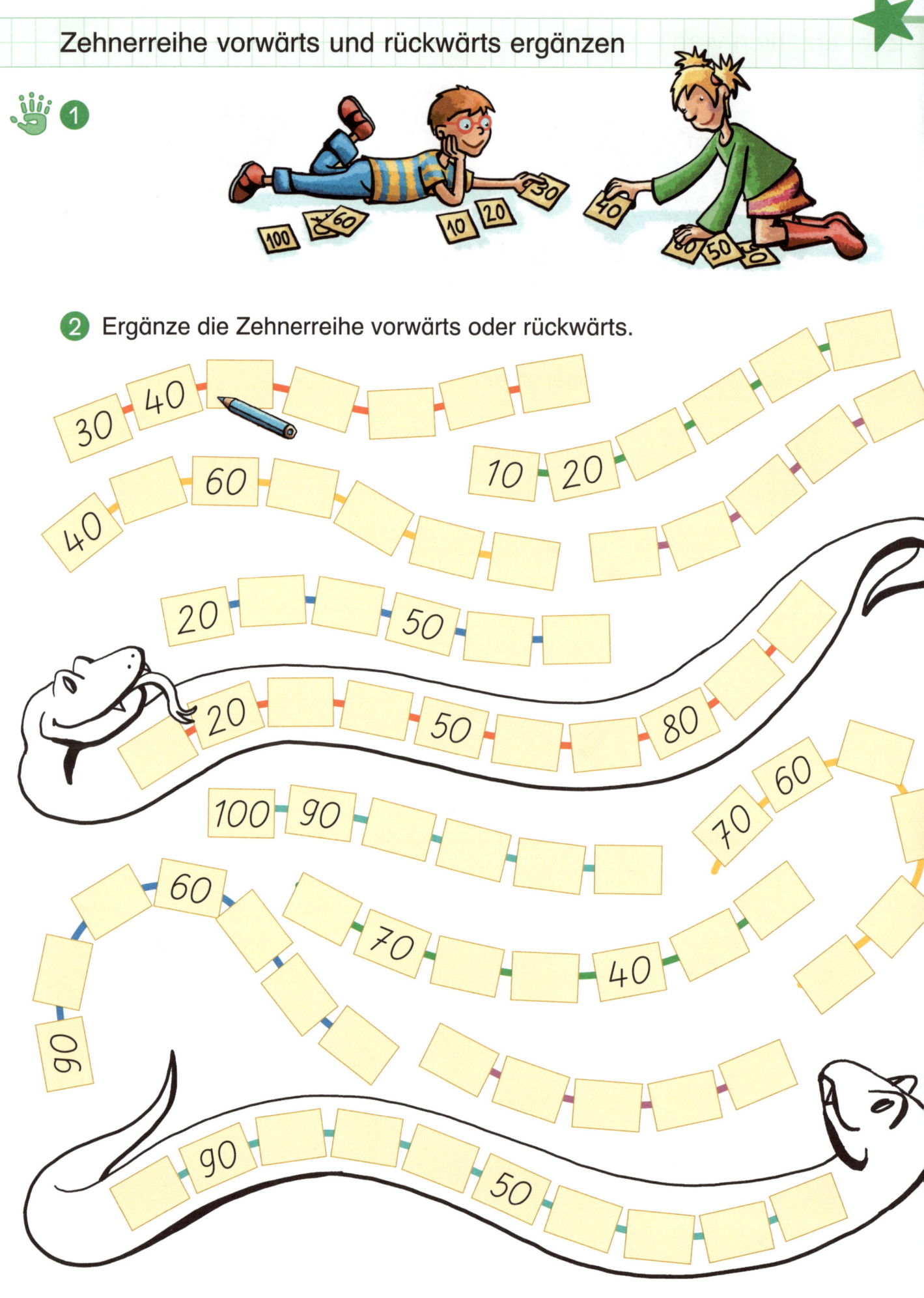

2 Ergänze die Zehnerreihe vorwärts oder rückwärts.

* bearbeiten Aufgabenstellungen gemeinsam, kooperieren und kommunizieren
* orientieren sich im Zahlenraum bis 100 durch Ordnen von Zahlen und Ergänzen von Zahlenreihen

Plusaufgaben mit Zehnerzahlen darstellen und lösen

1 Suche dir ein anderes Kind. Legt zu zweit mit Zehnerstangen Plusaufgaben.

20 + 30 = 50

2 Schreibe zu jedem Rechenbild die passende Plusaufgabe.

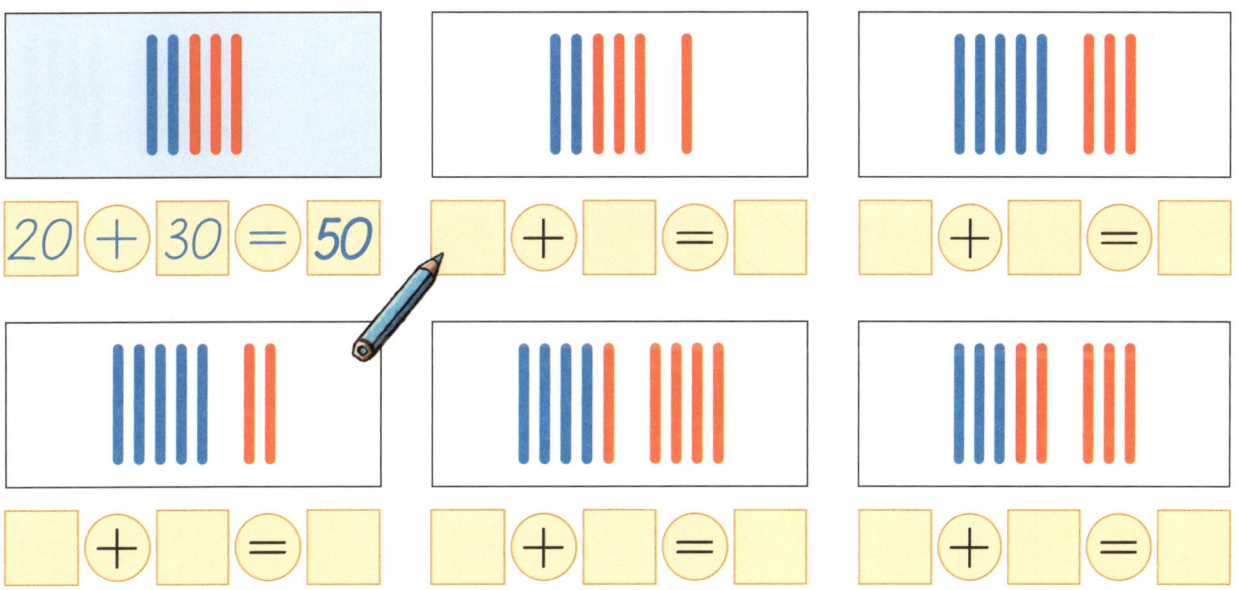

20 + 30 = 50

☐ + ☐ = ☐

☐ + ☐ = ☐

☐ + ☐ = ☐

☐ + ☐ = ☐

☐ + ☐ = ☐

3 Zeichne zu jeder Plusaufgabe das passende Rechenbild und löse sie.

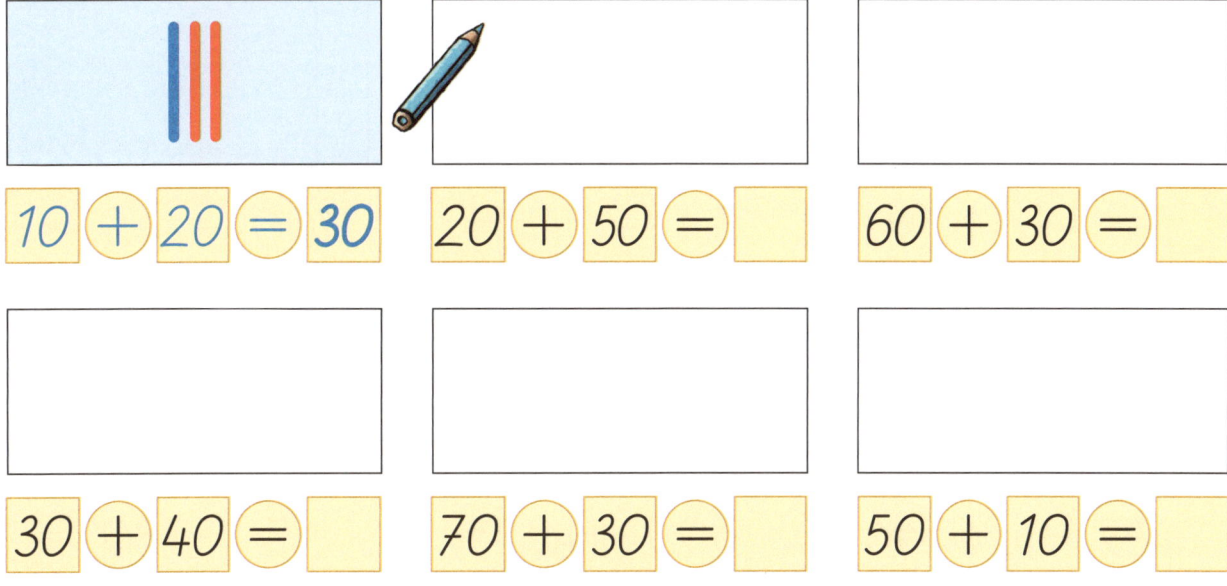

10 + 20 = 30

20 + 50 = ☐

60 + 30 = ☐

30 + 40 = ☐

70 + 30 = ☐

50 + 10 = ☐

Minusaufgaben mit Zehnerzahlen darstellen und lösen

1 Suche dir ein anderes Kind.
Legt zu zweit mit Zehnerstangen
Minusaufgaben.

50 − 10 = 40

2 Schreibe zu jedem Rechenbild die passende Minusaufgabe.

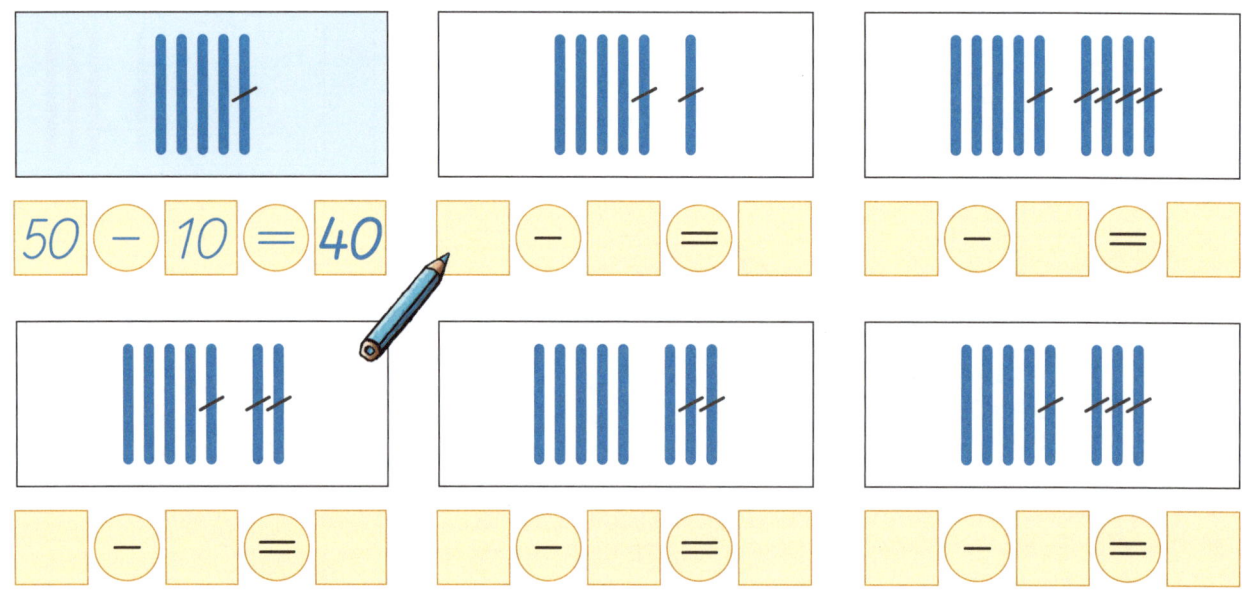

50 − 10 = 40

3 Zeichne zu jeder Minusaufgabe das passende Rechenbild und löse sie.

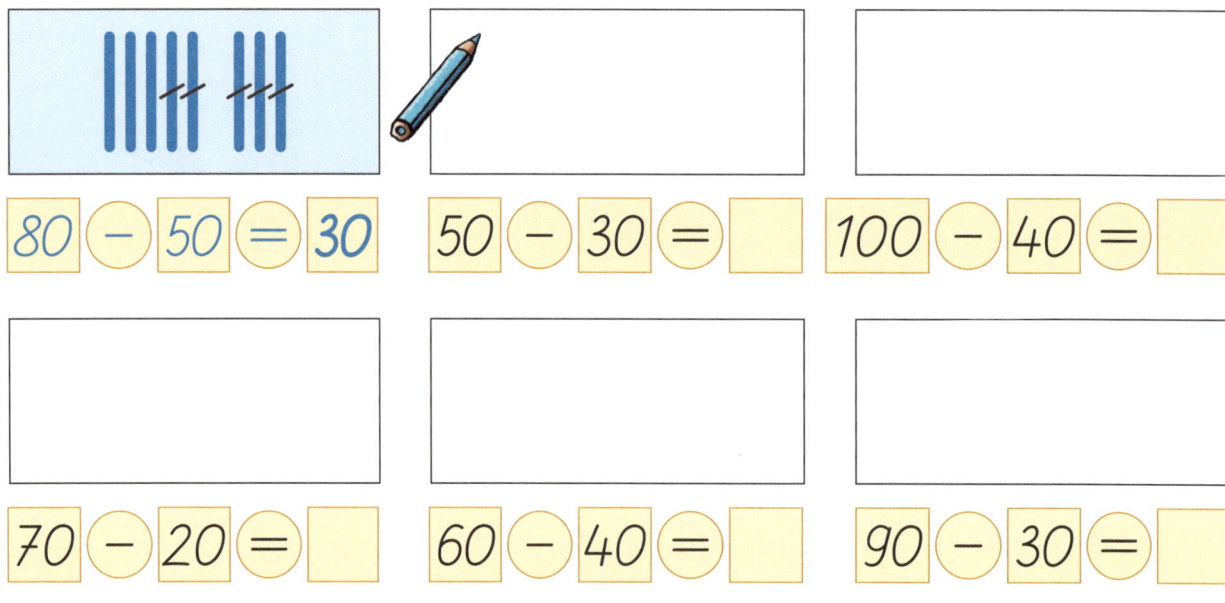

80 − 50 = 30   50 − 30 =   100 − 40 =

70 − 20 =   60 − 40 =   90 − 30 =

★ nutzen planvoll und systematisch die Struktur des Zehnersystems
★ führen Zahldarstellungen ineinander über

Mit verwandten Aufgaben rechnen

1 Löse die Aufgaben.

Das kannst du schon.

3 + 2 = 5		6 − 3 = 5
4 + 3 = ☐		9 − 4 = ☐
5 + 4 = ☐		10 − 5 = ☐
7 + 3 = ☐		8 − 3 = ☐
6 + 2 = ☐		7 − 5 = ☐

2 Löse die Plusaufgabe mit Hilfe der einfachen verwandten Aufgabe (kleine Aufgabe).

3 + 2 = 5	5 + 3 = ☐	4 + 4 = ☐
30 + 20 = 50	50 + 30 = ☐	40 + 40 = ☐
☐ + ☐ = ☐	☐ + ☐ = ☐	☐ + ☐ = ☐
70 + 30 = ☐	80 + 10 = ☐	60 + 20 = ☐

3 Löse die Minusaufgabe mit Hilfe der einfachen verwandten Aufgabe (kleine Aufgabe).

8 − 5 = 3	9 − 4 = ☐	☐ − ☐ = ☐
80 − 50 = 30	90 − 40 = ☐	70 − 30 = ☐
7 − ☐ = 5	8 − ☐ = 2	☐ − ☐ = ☐
70 − ☐ = 50	80 − ☐ = 20	90 − ☐ = 40

★ übertragen ihre bisherigen Kenntnisse über analoge Aufgaben auf den erweiterten Zahlenraum
★ geben die Zahlensätze des Einspluseins bis 20 automatisiert wieder

55

1 Finde und löse zuerst die einfache verwandte Plusaufgabe (kleine Aufgabe).

$3 + 4 = 7$

$30 + 40 = 70$ $60 + 30 = \square$ $50 + 20 = \square$

$20 + 70 = \square$ $10 + 60 = \square$ $60 + 10 = \square$

2 Finde und löse zuerst die einfache verwandte Minusaufgabe (kleine Aufgabe)

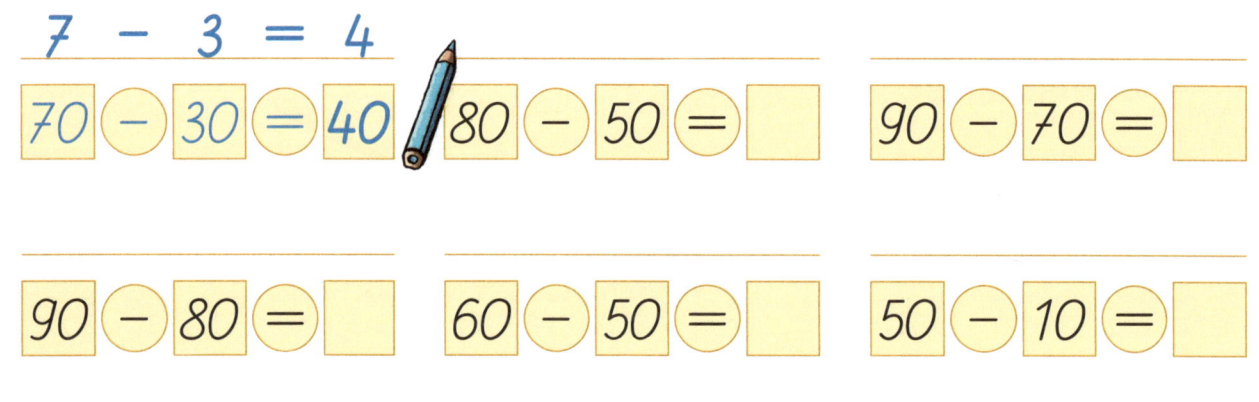

$7 - 3 = 4$

$70 - 30 = 40$ $80 - 50 = \square$ $90 - 70 = \square$

$90 - 80 = \square$ $60 - 50 = \square$ $50 - 10 = \square$

3 Rechne.

$5 + 2 = 7$

$50 + 20 = 70$ $80 - 40 = \square$

$30 + 60 = \square$ $100 - 20 = \square$

$20 + 70 = \square$ $50 - 10 = \square$

$30 + \square = 60$ $90 - \square = 50$

$40 + \square = 100$ $60 - \square = 40$

★ übertragen ihre bisherigen Kenntnisse über analoge Aufgaben auf den erweiterten Zahlenraum
★ übertragen ihre Kenntnisse über analoge Aufgaben im erweiterten Zahlenraum auch auf Ergänzungsaufgaben